"燃",此处是一个动词,亦是一个名词。

看日剧、日本动画片多了,总觉得大部分片子里,都隐含着某种不知疲倦和斗志昂扬的东西。按照日本的说法,这种状态就是"燃"。按照某些国人喜欢的解构的说法,就是打鸡血。

"燃",相较当前流行的"正能量",就好比前者是太阳,后者是月亮。前者更包含一种激荡人心的画面感,有着强烈的情感驱动力。有些时候,日本人对汉字的再运用,令人叫绝。一个字,形象生动,直指人心。

去看日本的近现代史,几乎就是一部燃的战斗史。令我们不悦的是,在他们的这段战斗史中,我们自己的身影基本变成了陪练。要被看得起,努力就是了。"燃"特集,我们试图去抓住这个民族的精神特质中最独特的一面。

个人以为,崇优,是我看到这种燃精神里最核心的灵魂之一。对"绝对尺度的好"的崇拜,似乎深深地写进了日本人的集体无意识里。为了触及那个绝对尺度的彼岸,他们很多人义无反顾,不暇多想。因为太想做好某件事,必须用点燃自己的方法,去战斗。因为追求心中的信仰,必须要为此"燃"起来。

"燃",是需要巨大能量的。因为要发光发热。

那些能够自燃的人,请珍惜。因为他们像宇宙里的恒星一样,属于少数派。

喜欢解构?动动嘴皮即可。想自己白发苍苍还一肚子不甘心吗?那就解构扮酷吧。

要"燃",首先是不要试图取悦任何他人。自燃者燃他,顺带地。要"燃"起来,不是要你多聪明,只需要下一个决定,和持续的勇气。能自燃者,都是上了自己人生的高速公路,没工夫看两边的风景,但时时精进。有代价,亦有收获,凡事不都是如此吗?

现在轮到自己反问自己,是什么驱动我在不知疲倦地前进。有什么令自己可以"燃"起来呢?

赶紧去做吧。

苏静

新浪微博:@ 苏静 johnnysu

图书在版编目（CIP）数据

知日·燃 / 苏静主编. –– 北京：中信出版社，
2014.5（2019.12重印）
ISBN 978-7-5086-4542-1

Ⅰ.①知… Ⅱ.①苏… Ⅲ.①文化研究－日本 Ⅳ.
① G131.3

中国版本图书馆 CIP 数据核字 (2014) 第 066811 号

知日·燃

主　　编：苏静
策划推广：中信出版社（China CITIC Press）
出版发行：中信出版集团股份有限公司
　　　　　（北京市朝阳区惠新东街甲 4 号富盛大厦 2 座　邮编　100029）
　　　　　（CITIC Publishing Group）
承 印 者：鸿博昊天科技有限公司

开　　本：787mm×1092mm　1/16　　　　插　　页：6
印　　张：10.75　　　　　　　　　　　字　　数：220 千字
版　　次：2014 年 5 月第 1 版　　　　印　　次：2019 年 12 月第 2 次印刷
广告经营许可证：京朝工商广字第 8087 号
书　　号：ISBN 978-7-5086-4542-1
定　　价：69.00 元

版权所有·侵权必究
凡购本社图书，如有缺页、倒页、脱页，由发行公司负责退换。
服务热线：010-84849555　　　服务传真：010-84849000
投稿邮箱：author@citicpub.com

知日 it is JAPAN

ZHI JAPAN. 20

出版人＆总编辑：苏静

艺术指导：马仕睿
资深主笔：毛丹青

编辑：张艺、刘子丹、陈晗、陈瑶
特约记者：姚远（东京），platinum（东京）

策划编辑：王菲菲、段明月
责任编辑：段明月
营销编辑：李娟

平面设计：typo_d

Publisher & Chief Editor:
Johnny Su

Art Director: Ma Shirui
Chief Writer: Mao Danqing

Editor: Zhang Yi, Liu Zidan,
Chen Han, Chen Yao
Special Correspondent:
Yao Yuan (Tokyo), platinum (Tokyo)

Acquisitions Editor: Wang Feifei,
Duan Mingyue
Responsible Editor:
Duan Mingyue
PR Manager: Li Yan

Graphic Design: typo_d

特集・燃

语录：日本正能量精神史

日本のプラスエネルギー精神史

刘子丹、阴雪婷 / edit
知日资料室 / picture courtesy

01

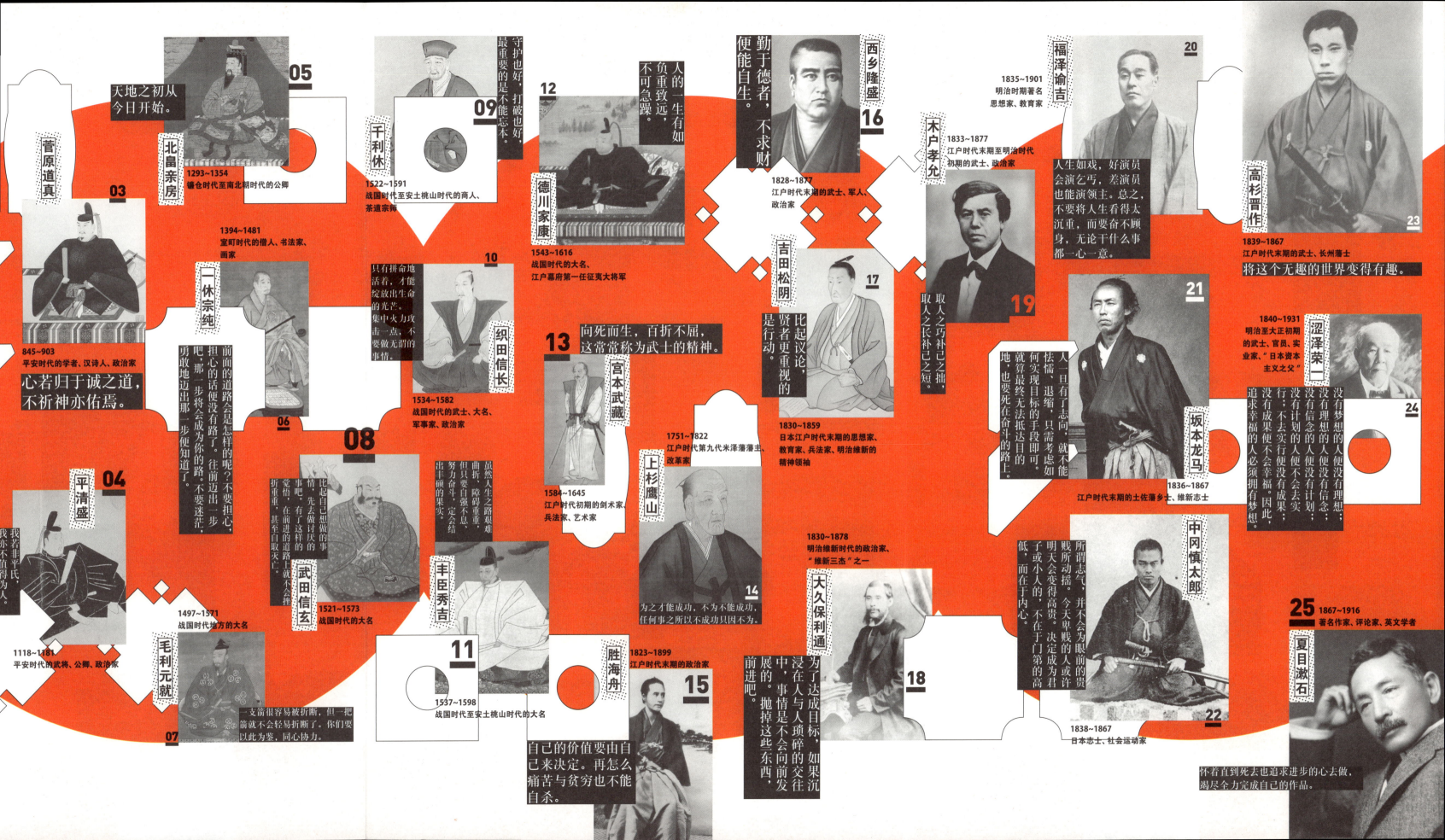

菅原道真 03
845~903
平安时代的学者、汉诗人、政治家
心若归于诚之道，不祈神亦佑焉。

天地之初从今日开始。

北畠亲房 05
镰仓时代至南北朝时代的公卿

守护也好，打破也好，最重要的是不能忘本。

千利休 09
1522~1591
战国时代至安土桃山时代的商人、茶道宗师

只有拼命地活着，才能绽放出生命的光芒。集中火力攻击一点，不要做无谓的事情。

一休宗纯 06
1394~1481
室町时代的僧人、书法家、画家

前面的道路会是怎样的呢？不要担心，担心的话便没有路了。往前迈出一步，那一步便会成为你的路吧，那一步便知道了。

织田信长 10
1534~1582
战国时代的武士、大名、军事家、政治家

人的一生有如负重致远，不可急躁。

德川家康 12
1543~1616
战国时代的大名、江户幕府第一任征夷大将军

向死而生，百折不屈，这常常称为武士的精神。

宫本武藏 13
1584~1645
江户时代初期的剑术家、兵法家、艺术家

为之才能成功，不为不能成功，任何事之所以不成功只因不为。

勤于德之者，便能自生。
勤于德者，便能自生。不求财

西乡隆盛 16
1828~1877
江户时代末期的武士、军人、政治家

比起议论，贤者更重视的是行动。

吉田松阴 17
1830~1859
日本江户时代末期的思想家、教育家、兵法家、明治维新的精神领袖

木户孝允 19
1833~1877
江户时代末期至明治时代初期的武士、政治家
取人之巧补己之拙，取人之长补己之短。

人一旦有了志向，就不能怯懦、退缩。只需考虑如何实现信念的手段即可。就算最终无法抵达目的地，也要死在奋斗的路上。

福泽谕吉 20
1835~1901
明治时期著名思想家、教育家

人生如戏，好演员会演乞丐，差演员也能演领主。总之，不要将人生看得太沉重，而要奋不顾身，无论干什么事都一心一意。

高杉晋作 23
1839~1867
江户时代末期的武士、长州藩士
将这个无趣的世界变得有趣。

坂本龙马 21
1836~1867
江户时代末期的土佐藩乡士、维新志士

涩泽荣一 24
1840~1931
明治至大正初期的武士、官员、实业家、"日本资本主义之父"
没有梦想的人便没有理想，没有理想的人便没有信念，没有信念的人便没有计划；没有计划的人便不会去实行；不去实行便没有成果，没有成果便不会幸福。追求幸福的人必须拥有梦想。

平清盛 04
1118~1181
平安时代的武将、公卿、政治家
我若非平氏，我亦不值得为人。

武田信玄 08
1521~1573
战国时代的大名
虽然人生之路艰难曲折、障碍重重，但只要自强不息、努力奋斗，定会战胜困难，在前进的道路上不会因挫折重重，甚至自取灭亡。

比起自己想做的事情，先去做讨厌的事吧。有了这样的觉悟，在前进的道路上便不会裹足不前。

毛利元就 07
1497~1571
战国时代地方的大名
一支箭很容易被折断，但一把箭就不会轻易折断了。你们要以此为鉴，同心协力。

丰臣秀吉 11
1537~1598
战国时代至安土桃山时代的大名

上杉鹰山 14
1751~1822
江户时代第九代米泽藩主、改革家

胜海舟 15
1823~1899
江户时代末期的政治家
自己的价值要由自己来决定。再怎么痛苦与贫穷也不能自杀。

大久保利通 18
1830~1878
明治维新时代的政治家、"维新三杰"之一
为了达成目标，浸在人与人琐碎的交往中，事情是不会向前发展的。抛掉这些东西，前进吧。

中冈慎太郎 22
1838~1867
日本志士、社会运动家
所谓志气，并不会为眼前的贵贱所动摇，今天卑贱的人或许明天会变得高贵。决定成为君子或小人的，不在于门第的高低，而在于内心。

夏目漱石 25
1867~1916
著名作家、评论家、英文学者
怀着直到死去也追求进步的心去做，竭尽全力完成自己的作品。

撰稿人

feature

萧西之水 ·············

新锐日史作家,曾广泛游学于美、澳、日等环太平洋国家,酷爱说走就走的旅行,期待奋不顾身的爱情。出版书籍《谁说日本没有战国》《最懂!日本战国》。目前正从日本战国史叛逃至近代史,在《中国经营报》开辟专栏《军国歧途》。

洪维杨 ·············

台湾出生的汉人,日本战国史爱好者,爱打电动、爱读历史和推理小说、爱看棒球赛。偶尔在相关论坛网站大放厥词,虽无法无天但还算有见地。

陈伟 ·············

畅销书作家,著有《麻辣日本史》等。研习日本文化,喜欢刀锋与文字。

潘力 ·············

上海大学美术学院教授,日本美术和公共艺术研究者。著有《日本美术:从现代到当代》《浮世绘》等。

李征 ·············

复旦大学外文学院副教授,日本近现代文学、中日比较文学研究者。译有三岛由纪夫的《金阁寺》、森鸥外的《青年》、重松清的《快跑,乌拉拉》等。

徐昊辰 ·············

在日留学生。2008 年起从事日本电影影评工作,在国内各大电影媒体及门户网站刊登相关电影影评。第一时间接触日本最新电影,对日本电影的了解相较于国内同行有着更深、更广的理解。现正着力于中日电影文化交流活动,并策划在中国国内举办日本电影影展。

regulars

毛丹青 ·············

外号"阿毛",中国国籍。北京大学毕业后进入中国社会科学院哲学所,1987 年留日定居,做过鱼虾生意,当过商人,游历过许多国家。2000 年弃商从文,中日文著书多部。现任神户国际大学教授,专攻日本文化论。

刘联恢 ·············

旅居日本多年,现为北京第二外国语大学汉语学院教师,专职教授外国留学生汉语和中国文化,每年为日本京都外国语大学等学校的暑期访华团做中国文化讲座。

吴东龙 ·············

从事设计观察的作家、讲师、设计师,也是课程与书籍的规划者。在多面向的设计工作里,长期关注日本的设计场域,著有《设计东京》系列书籍,作品见于两岸三地。现在是"东喜设计工作室"、创意聚落"地下连云企业社"负责人。

李长声 ·············

旅日作家、日本出版文化史研究专家。曾任日本文学杂志副主编,著有《哈,日本》《日下书》《枕日闲谈》《纸上声》等。

擦主席 ·············

插画师、独立漫画家。现居北京。毕业于中国传媒大学动画学院动画技术专业,CG 插画版课程设计高级讲师。曾策办《Cult Youth》系列漫画丛书。

受访人

田部井淳子 　日本著名登山家 ·············

世界上第一位成功登顶珠穆朗玛峰与七大陆最高峰的女性。著有《即使如此我也要登山》《富士山的单词书》《田部井淳子的快乐登山入门》等。

菱川势一 　影像作家、编剧、摄影师、艺术总监 ···

设计工作室 DRAWING AND MANUAL 的创办者之一。戛纳国际广告节获奖作品《森之木琴》导演。曾举办摄影展"不存在的电影,存在过的光景"。

特别鸣谢

●京瓷株式会社 ●上海当代艺术馆 ●草间弥生事务所 ●高知县赛马组合 ●人生罗盘 ● DRAWING AND MANUAL ●釜浅商店

●田部井淳子 ●菱川势一

联络 如日 ZHI JP

订阅、发行、投稿、建议
zhi.japan@gmail.com
微博
http://weibo.com/zhijp
豆瓣小站
http://site.douban.com/113806/
加入知日
408693831@qq.com

商业合作洽谈
(010) 84407279
发行支持
中信出版集团股份有限公司
北京市朝阳区惠新东街甲 4 号
富盛大厦 2 座
100029

燃

用一生去完成的天职，
就是「燃」。

燃えろ！俺のコスモ

格闘わが人生

走って、負け

愛されて。

駆けあがれ！
夏のテッペン

天職は、
生涯をかけて全うせよ

今を生きる

大和魂：日本人的神髓

大 和 魂 ： 日 本 人 の 神 髓

张艺、陈瑶、刘子丹 / text
刘佩佩 / illustration

⊟ 也许高贵的精神很难用国家精神来加以限制，但无论在哪个国家，都会有一些高贵的精神直接影响了整个民族的走向，这些人洞察着时代的脉搏，他们的话语代代相传，穿越时空鼓舞着今日的人们。在日本，自然也有让日本人打从心底里敬佩的人物，这些人物的精神深深地刻进了民族的灵魂之中，当人们陷入迷茫之时，冥冥之中这些高贵的声音会告诉人们应该如何思考、如何行动。

⊟ "大和魂"一词现在仍然常被使用，但一度被染上了民族主义的色彩，实际上它最早出现在《源氏物语》的《少女》一章中：

才を本としてこそ、大和魂の世に用ゐらるる方も強う侍らめ。

/ 做人需博学饱识，再备大和魂乃得以强者面目见之于世。/

⊟ 这是光源氏关于如何培养孩子的论述。当时，贵族们都认为必须要学习先进国中国的学问，但如果没有社会常识，光有学问也是不够的。因此，一个人应该具备不管面对什么事，都能恰当判断的能力。这是紫式部对大和魂的定义，可见大和魂的意义是随着时代不断改变的。在不同的时代，都会有人为它添上浓墨重彩的一笔，在思考日本人的精神时，不得不回到这些代表了"大和魂"的人物本身，听听他们回荡在历史中的声音。

吉田松阴之志

かくすればかくなるものと知りながら已むに已まれぬ大和魂。

/ 明知这样做必然会有这样的结局，但仍然无法遏制我的大和魂。/

○ 吉田松阴以"大和魂"明志，是在他著名的"下田踏海"失败后。1853年美国佩里将率领密西西比号来到日本横滨港，得知此事的吉田松阴兴奋不已，他带着弟子金子重辅偷了一艘小船偷偷接近佩里的航船，希望佩里能带他们偷渡去美利坚。在这之前他曾给佩里写过一封信，说："如果这次密航被发现，我们将会受到处罚，但无论如何，我们也想用我们的眼睛去看看这个世界。"由于美国与日本已签订了通商条约，如果佩里将吉田松阴带回美国将触犯日本的法律，而吉田松阴也将犯下死罪。在密西西比号的甲板上，吉田松阴恳求说："如果我们就这样回去，我们将会被处死。请将我们带回贵国吧。"当时的佩里当然没有同意，但却被他们的决心感动，并为了他们向幕府求情饶他们不死。多年以后，在佩里的《佩里日本远征记》中，他回忆道："这件事情让我非常感动。即便是触犯国家的法律，丢掉性命，也要开阔视野，这两个很有教养的日本人显示出了熊熊燃烧的决心。日本人真是爱好学问，研究心旺盛的民族啊。……这种精神被严苛的法律和严密的监视压制了，但是日本的将来一定会开拓无法想象的世界。"

○ 这个行动力旺盛的青年 21 岁时在九州游学，在长崎、平户取得外国的情报。第二年脱藩前往东北，为此被处以脱藩罪并被剥夺了士籍、家禄，被遣送回老家。

○ 吉田松阴屡败屡战的背后，是他坚定的信念，在看到昔日强大的中国清朝因鸦片战争的溃败，而被英国乃至其他西方强国宰割时，他相信日本只有拥有与西方国家同样进步的文明，才能逃脱被他们宰割的命运。

○ 吉田松阴继承了松下村塾后，以"立志""读书""择友"为原则，没有通常的私塾中那种老师讲学生听的形式，各个年龄的人都可以来到私塾，吉田松阴会当面进行指导，而他却认为"我没有门生，都是志同道合的朋友"。对待塾生也总是看到他们的长处，也就是他所说的"美点凝视"，他也是第一个使用 boku（僕）作为第一人称的人，这正是他所坚持的平等观念。

○ 他常常对自己的学生说：磨砺自己（个性的自觉），构建自己的人生观与社会观，实现自己的志向。

○ 他强调的"志"也是他人生的主题，他的志，有无私之意，超越了想要获得自身利益、守护自身地位的私心。那是一种无法遏制的东西，是一种必须要在此生中实现才行的东西。

吉田松阴

1 8 3 0 ~ 1 8 5 9

● 明治维新思想家。
● 1830 年出生于长州藩萩城松本村（现山口县萩市），1835 年，叔父玉木文之进开设松下村塾，吉田松阴从小跟从叔父和父兄学习。鸦片战争后，吉田松阴来到江户师从佐久间象山。1852 年，在没有得到长州藩通行文书的情况下，脱藩至东北见学。1854 年，佩里为与日本缔结条约来到日本，吉田松阴欲借此机会偷渡到美国，被拒绝。1857 年，继承叔父的松下村塾。1858 年，因不满幕府签订《日美友好通商条约》而计划暗杀老中间部诠胜，失败后被捕，1859 年被处死刑。

○ 尊王攘夷派的吉田松阴将"草莽崛起"作为自己的革命思想，对于主导改变的群体都是藩和武士，他认为这样的革命是无法成功的，只有让草莽阶层（下级武士、商人、农民）参与到变革中，才有成功的希望。后来他的这个观念被他的塾生高杉晋作实现，数年后，高杉晋作组织奇兵队击溃了幕府军。

○ 1859 年，吉田松阴发起了他的最后一击，他当时想要行刺江户老中，但刺杀失败，他被投入狱中，而他狂热地认为"凭借志诚定能撼动一切"，详尽坦白了自己的所有动机和行为，但是他的做法并没有改变他将被处死的事实，但他在安政大狱中写下的《留魂录》中责怪自己的至诚不够，怪不得别人。在行刑前，这个一生为志痴狂，一次又一次地发起挑战的灵魂写道："身はたとひ武蔵の野辺に朽ちぬとも留め置かまし大和魂。"（就算身体在武藏的野地里腐烂也改变不了我的大和魂。）

西乡隆盛之情

すべては天がつくった。ゆえに天を敬い、自己を愛する気持ちで人も愛する。

/ 一切都由上天创造。因此面对天要有敬畏之心，也要像爱自己一样爱及他人。/

○ 在西南战争中和西乡隆盛并肩作战的增田荣太郎这样评价西乡隆盛："先生真是一个妙人，与之相处一天便能产生一天的爱，与之相处三天便有三日分量的爱由心生，是一位值得尊敬并与之生死与共的人。"他被胜海舟评价为当今天下（幕府末期）最让人恐惧的两人之一（另一人为著名儒学家横井小楠），被日本海军之父坂本龙马称为"深不可测的男人"。西乡隆盛到底有怎样的人格魅力，让他成为幕府末期如此特殊的存在？

○ 西乡隆盛关于政治的理念归结为，如

西乡隆盛

1828 ~ 1877

● 日本维新三杰之一，革命家，倒幕运动发起人。

● 1828 年生于萨摩藩鹿儿岛城下加治屋町（现鹿儿岛县鹿儿岛市加治屋町），受到萨摩藩藩主岛津齐彬的影响。岛津齐彬逝世后被流放至奄美大岛，复归后主导了萨长同盟的成立、王政复归和戊辰战争。明治维新之后回乡，1871 年，在新政府复职，兼任陆军大将近卫都督。1873 年，政变失败下野，回到鹿儿岛专心于教育。在士族叛乱中，1877 年主导了西南战争，战败后在城山自杀。

何才能解除民众的疾苦，如何才能真正实行助人的政治。他的一生也被定义为两个字：无欲。为什么西乡隆盛会有这样的政治理想，还要从他的成长背景说起。1827 年，西乡隆盛生于萨摩藩（今鹿儿岛）一个中流士族家庭，从小受到严格的教育。18 岁开始担当郡方书役助，相当于向农民征税的官员的助理。西乡在这一职务上兢兢业业工作了十年，十分了解农民的疾苦，当时的藩主岛津齐彬很欣赏他，可惜好景不长，岛津齐彬突然去世，过度悲伤的西乡原想殉死以报答老藩主的知遇之恩，被好友月照说服：只有继承老藩主的遗志，潜心治理国家，才是正确的报恩之道。之后月照因反对幕府而被追杀，西乡与之一起自投锦江湾，月照身亡，而西乡却被救起。也因此西乡从萨摩藩的明日之星变成一个不受欢迎的人，流落于奄美大岛。此后西乡被萨摩新藩主岛津久光召回，却因政见不合被流放。西乡经历了严酷的幽闭生活，在这样恶劣的条件下，他得到了许多当地底层民众的帮助，感受到了民众的朴实，也对民间的疾苦有了更深的认识。他熟读各类儒家经典学说，最终形成了"敬天爱人"的人生观。此后两年，西乡再一次被召回。在坂本龙马的劝说下，认识到幕府的腐朽，革命主张也由"公武合体"转变为"尊王倒幕"，1866 年萨摩藩与长州藩共同结成倒幕阵营。攻打幕府军，实现大政奉还，建立明治政府，推动政治改革，更是促成江户无血开城的功臣之一。

○ 明治维新后，西乡解甲归田，回归鹿儿岛。卸任后的西乡生活得十分惬意，在当地建立私学教授学生。好景不长的是，由于明治维新损害了下层士族和农民的利益，各地起义不断，西乡的学生们被卷入这场动乱，极具声望的西乡本人也被推选为首领。淡泊名利的他本没想过参与此事，未料政府竟然派人暗中监视西乡动静，一怒之下他便答应了起义军的请求，"我这条命，就送给你们吧"。西乡隆盛带领起义军攻打熊本城不战而胜，与随后赶来的政府军激战近半月，终因兵器弹药不足而败于城山地区，西乡也败死其中。

○ 西乡隆盛为人十分节俭，个人钱财多拿出来建立私学或是救助落魄的武士，衣食住行也无不从简，因此很是看不惯当时官员的奢华作风。他原本在东京日本桥拥有地产，却捐给了当时的国立银行。他曾写诗明志："几经辛酸志始坚，丈夫玉碎耻瓦全。一家遗事人知否，不为儿孙买美田。"可说是他金钱观的真实写照了。

○ 归根到底，西乡隆盛的人生信条，便是"敬天爱人"。

圣德太子之 和

和を以て貴しとなす。
/ 以和为贵。 /

○ 现在日本流通的一万日元货币上的肖像人物是福泽谕吉，在此之前是圣德太子。前者是日本近代思想启蒙家，提出脱亚入欧论，提倡学习先进的欧美文化以图富国强兵。后者则派遣"遣隋使"学习中国政治制度、文化，并正式引入了佛教。可以说，圣德太子缔造了日本文化的基石，创造了日本精神的源流。不论是历史上著名的四十七武士，还是吉田松阴、明治维新志士，无一不是圣德太子思想的继承者。

○ 圣德太子将当时刚刚传入日本的佛教与本土文化融合，形成了较成熟的思想体系。他还在执政理念、伦理道德等方面系统地向当时的中国隋朝学习，他总结出的《宪法十七条》，哪怕放到现代也是适用的。

○ 公元 574 年，圣德太子出生在一个马棚前，所以也被称为"厩户皇子"，全称是"厩户丰聪耳皇子"。这样说来，耶稣也是降生于马棚中，两个人怎么看都有一种命运的重合感。百济（朝鲜古代三国之一）僧人日罗见到圣德太子后，称赞他是"救世观音再世"，圣德太子回应道："您是我们非常尊贵的客人，可是却寿辰将尽。"圣德太子预言后不久，日罗就去世了。据说圣德太子从降生之时起就有神奇的预知能力。

○ 公元 593 年，22 岁的圣德太子开始摄政，这年修建了四天王寺。14 年后，36 岁的圣德太子又修建了法隆寺，他利用自身的政治背景积极传播佛教。同一年，圣德太子派遣遣隋使前往中国，使者小野妹子带上这样一份国书出发了，其国书曰"日出处天子致书日落处天子无恙"。这封著名的国书，也被记载于《隋书·东夷传》。这个说法让隋炀帝非常生气，隋炀帝生气的原因并不是日出国或日落国这样地理上的用词，而是日本在递交国书时使用了"致"而不是"谨呈"。从这一方面看，在面对当时的大国隋朝时，圣德太子也没有丢掉作为独立国家的立场，可以说是唯一这样做的人。当时的隋朝国力强盛，外交上实行的是册封制度。也就是说，向天子递上贡品，作为回报，隋朝也会认可地方的支配权。在这点上，日本和高丽、百济、新罗都不同，是独立的国家，被称为"化外之地"，也就是隋朝统治不及的地方。这也是圣德太子采取的独立外交政策的结果。日本之所以名为"日本"，以及太阳旗日之丸的出现，都是从这个时代开始的。

○ 最初意识到国家这一概念的，就是圣德太子。之所以会有这样的认识，是因为通过佛教的传播，了解到这个世界上有许多不同国家的存在，距离中国的更远处，还有广阔的天竺。东渡日本的高丽僧人慧慈也带来了许多外国的消息，在对中国采取对等的外交政策上，圣德太子也受到慧慈的深刻影响。

圣德太子

5 7 4 ～ 6 2 2

● 日本古代政治家。
● 574 年，作为橘丰日皇子和穴穗部间人皇女之子诞生，名为厩户。587 年，用明天皇逝世，崇佛派的苏我马子与排佛派的物部守物展开了激烈的斗争，厩户皇子参加了讨伐物部守物的讨伐军并取得了最后的胜利。592 年，推古天皇即位，厩户皇子开始推行佛法。603 年，确立起冠位十二阶，强化天皇的权利。605 年，制定《宪法十七条》。607 年，派遣小野妹子等前往隋朝。615 年，著《三经义疏》。620 年，编撰《国记》《天皇记》《臣连伴造国造百八十部及公民等本记》。622 年，在斑鸠宫中逝世。

○ 内政方面，圣德太子建立了日本社会的统治体系。颁布了《宪法十七条》，制定了"冠位十二级"的官位等级制度。《宪法十七条》是针对统治阶级制定的行为规范，第一条"以和为贵，无忤为宗"，号召人们要以平和的心境与周围的人交往，重视大局。第二条"笃敬三宝"是指尊佛、尊法、尊僧，意在推动佛教的传播。

○《三经义疏》是圣德太子对佛教三大经典《法华经》《维摩经》《胜鬘经》的解说。其中，《胜鬘经》对日本人精神上的影响尤其深远。《胜鬘经》的主旨思想是舍身为人，舍弃自身，为世间尽力到底。吉田松阴的思想中也表现出浓厚的舍身色彩。这种精神，从圣德太子开始，就深深地扎根在了日本人的心中。

教育とは人間の品格を磨くことであり、知識や経済能力を身につけることではない。

/ 教育是为了磨砺人的品格，绝不单是为了获取知识与经济能力。/

新渡户稻造之道

○ 1984～2004 年，印在五千元日币上的人物正是新渡户稻造。作为教育家的新渡户稻造，开创了东京女子大学；作为国际政治活动家的他，是和平主义的推进者；作为思想家的他，更是通过《武士道》一书，将日本及日本人介绍给了世界。

○ 新渡户稻造在 21 岁时曾说："我要成为连接太平洋的桥梁，向世界展示日本文化，将世界文化带给日本。"真正实现这一梦想的，正是《武士道》一书。留学德国期间，比利时友人问新渡户："日本学校有没有宗教教育课程啊？"在得到否定答案后比利时友人感到不可思议："没有宗教课程！那要怎么向孩子们传授道德准则？"面对这个质疑不知如何作答的新渡户陷入了沉思："我们在孩提时代所受到的道德教育，并不是来自于学校。试着回顾以往的经历，武士道才是构成日本人善恶观的真正要素。"日本虽然有佛教、神道教等宗教信仰，却没有一本类似《圣经》或《古兰经》这样的日常生活规范。为了具体阐明日本人道德观的来源，新渡

新渡户稻造

1 8 6 2 ～ 1 9 3 3

● 明治、大正时代教育家、思想家，国际政治活动家，和平主义者。
● 1862 年，出生于陆奥国岩手郡（现岩手县盛冈市），上小学时，随家庭医生学习英文。1871 年，来到东京学习，1877 年作为二期生入学札幌农学校，毕业后去往东京帝国大学（后来的东京大学）深造，后又前往美国、德国留学。1900 年，出版英文版《武士道》。1918 年，担任东京女子大学初任校长。1920 年，出任日本国际联盟副事务长。1933 年，出席第五届太平洋会议，客死加拿大维多利亚市。

户最终给出了《武士道》这样一个答案，他在书中这样定义："武士道，是吸收了佛教、神道教以及儒家思想的精华，深深地根植于日本的，有血有肉、生生不息的精神。"美国总统罗斯福也对这本书赞不绝口："读了这本书，我才初次了解日本人的精神到底是什么，一定要把这本书推荐给朋友和部下，让他们也学一学日本人诚实而又不屈的精神。"

○ 新渡户生于文久二年（1862），正是日本倒幕派和佐幕派激战动荡的年代。出生于武士家庭的新渡户从小受到严格的教育，9 岁那年离开家乡前往东京求学，进入东京英语学校学习，毕业后立志于开拓工作，因此决定去新成立的札幌农学校学习。15 岁的新渡户作为二期生进入了札幌农学校，同期的学生还有后来成为宗教家的内村鉴三、植物学家的宫部金吾、北海道大学首任校长的佐藤昌介。美国教育家 W. 克拉克出任当时的教导主任，在他的基督教精神和科学教育的理念下，新渡户度过了充实的少年时光。毕业后不久进入东京大学继续深造。但是，让新渡户惊讶的是，无论是治学的严谨程度，还是老师的教学深度，都远远不及札幌农学校。为此，22 岁的他选择中退，进入美国约翰斯·霍普金斯大学继续学习。在这一片洋溢着自由与平等精神的土地上，新渡户对"人是什么？""真正的教育是什么？"等问题进行了深刻的思考。其间，新渡户还加入了以提倡绝对和平主义而闻名的公谊会（基督教新教的一派），这也为他日后坚定的和平主义信仰埋下了种子。

○ 回国后的新渡户返回母校札幌农学校执教，致力于教育平等，想要建立一所夜校，为已经工作的人们提供学习机会。这个计划虽然被当地执政官否认，却因为新渡户意外得到一笔资金而得以实施。美国总统林肯曾说，"对待任何人都不要抱以偏见，对待任何人都要有一颗慈爱之心"，新渡户正是基于这种精神实现了自己的教育理念。

○ 57 岁时，新渡户就任日本的国际联盟副事务长。任职期间提出许多和平提案，解决了不少的国际纠纷。随后，日本进一步侵略中国，直至引发九·一八事变，这时的新渡户对时局做出的评论是："现在的日本，最恐怖的就是军阀。"这样的言论曾受到极大的批判。为了阻止战争，新渡户又一次启程前往美国发表演讲，却没有得到理解。

○ 新渡户在当时的知识阶层中，是唯一一个以全球的观点来观察局势的人。在他的眼中，日本已经完全被世界所孤立。1933 年，出席在加拿大召开的"第五届太平洋会议"时曾发表演说，"我们必须以和平为最终目标加深彼此的理解"，却没有得到大家的支持。还没来得及回到日本，新渡户就病逝于加拿大的维多利亚市。

○ 新渡户稻造客死他乡后 8 年，日本偷袭了珍珠港，太平洋战争全面爆发。

自在なる無私の心。
/ 随心所欲的无私之心。/

坂本龙马之 无

○ 有关坂本龙马，要说的故事实在是很多，他的传奇经历，他的杰出眼光，他的怪异之处，他的随心所欲。坂本龙马留给世人的印象，也多是随性的生活，不曾被时代所局限。若一定要说他坚持过什么，那必定是航行世界的梦想。在日本，坂本龙马是与织田信长比肩的超高人气历史人物，是国民英雄一般的存在。出身草莽的他，到底有怎样的魅力，吸引了成千上万的龙马粉呢（其中最有名的一定是司马辽太郎）？

○ 坂本龙马最让人喜欢的一点，大概就是不论什么时候，都能随心所欲，觉得有趣的事情，就会兴趣高涨。在不能以常识来立身的激烈变革期，这大概是最理想的生活方式了吧。坂本龙马与后来改变了他命运的胜海舟的相遇，也是无心插柳柳成荫。1862 年，加入"尊王攘夷"志士的朋友请求坂本龙马一起去刺杀当时主张开国的胜海舟，此时的胜海舟刚从美国考察回国，于是对前来刺杀的两人说："不如你们先听我说说美国的事吧，然后再杀我。"坂本龙马觉得这一定是十分有趣的故事，耐心地听了下去。原来美国人不佩刀而是携带一个被称为手枪的东西，帝王（总统）也是人们投票选出来的，不穿木屐或草鞋而是穿一个叫 shoes 的东西，而且为了让民众了解时局政事还有一个名为"万国公报"的报纸。同行的志士认为这不过是胜海舟叛国的托词，而坂本龙马却十分钦佩，要求成为胜海舟的弟子。正是这一次命运的相遇，为明治维新埋下了伏笔。

○ 1853 年 6 月，19 岁的坂本龙马目睹了震惊日本的黑船来航事件，面对大得超乎想象的黑船，原本是和朋友们一起来"杀掉"黑船的他，瞬间转变了态度，拜服于巨大黑船的威容。相较于朋友们对黑船的仇视，龙马却想要乘上它去看世界，这样的心情，一发不可收拾。师从尊王攘夷派的龙马，思维转变速度之快让人瞠目结舌，但他的确是这样一个随心所欲之人。或许，世间的种种变化，在他眼中唯"有趣"二字。

坂本龙马

$1836 \sim 1867$

● 日本维新志士，革命家，思想家。
● 1836 年，坂本龙马出生于土佐藩高知（现高知县高知市），1853 年，初到江户的小千叶道场修行剑术，并目睹了黑船来航，同年，龙马进入佐久间象山的私塾学习。1854 年，回到土佐，并拜访了绘师河田小龙。1861 年加入土佐勤王党。1862 年脱藩，被流放至九州，同年 12 月，成为胜海舟的弟子。1865 年，在长崎成立龟山社中，后改称"海援队"。1866 年，在龙马的斡旋下，萨长同盟结成。1867 年在京都被暗杀。

○ 画家河田小龙曾听中滨万次郎讲过在美国的种种见闻，于是，好奇心旺盛的龙马便对河田说："有什么有趣的事儿就说给我听听！"河田依据中滨的《漂流记》讲了不少世界形势给他听："日本和美国比真是很小，想要和其他国家一较高下，必须要振兴航海业，促进贸易，所以首先要做的便是促进国内商业的繁荣，用这些利益所得去购买船只，进行世界范围的贸易活动，这样一来才能真正立于不败之地。"河田的这番话，成为了龙马毕生追求的梦想。也许在现在的我们看来，这番言论不过尔尔，但在当时的局势下却没有人会支持河田。能做出的选择只有两个，一是打开国门（开国），二是驱逐异类（攘夷）。唯有龙马，抛开武士的面子，出身于商人之家的他用商人特有的直觉看到了故事的另一面。也或许，正是龙马不拘的价值观，才能抓住世人错过的精彩。

○ 坂本龙马最欣赏的，是中国思想家老子的"虚无"思想。抛开自身，用现实主义的视角去观察混乱的世界，以此提炼出最精华的部分，不顾虑自己作为武士的面子，忘却自身，抛弃大义，只为看到真实的世界。这样的龙马，也难怪会得到对外部反应敏感的日本人的喜爱。

体に病ありといえども心まで病ませるな。運命に非ありといえども心まで悩ますな。

/ 即使疾病缠身，也不要为其痛心。即使命途多舛，也不要烦扰心神。/

中村天风之

心

○ 中村天风是日本第一位瑜伽修行者。他所倡导的"身心统一法"与"天风哲学"直到现在仍是许多人的精神向导，激励着失落绝望的人们走出人生低谷。

○ 1876 年，中村天风出生于丰岛郡王子村（现东京都北区王子），他的父亲中村佑兴是旧柳川（现福冈县柳川）藩士，母亲长子出生于江户神田（现东京都神田），是一位性格刚毅的女子。继承了父母刚强倔强的个性，幼年时代的中村天风是名符其实的"顽童"，制造各种各样的恶作剧，连父母也对他束手无策。小学毕业后他被送到福冈，由父亲的朋友代为管教，然而环境的变化丝毫没有改变他的顽劣。退学后，卷入军事团体，在战争中九死一生捡回一命……他的前半生可谓命途多舛。

○ 1906 年，时任朝鲜总督府高级翻译的中村天风患上了极为严重的"奔马性"肺结核：病情会像马匹奔腾般的速度恶化，最终导致死亡。这次患病所带来的恐惧感为中村天风的人生变革埋下了种子，这时他恰好 30 岁。

○ 四处寻医未果，病情却一直恶化，名医表示已无力回天。不甘心的中村天风决定靠自己的力量与结核病战斗。他躺在病床上研究医学书、宗教书与哲学书，为了让自己的内心变得更强大，甚至不惜前往美国与欧洲寻医求问，最终却一无所获，病情也每况愈下。不愿客死他乡的他于 1911 年 5 月踏上了返回日本的归途。这时，他遇上了改变他命运的印度瑜伽圣者。这位圣者见到中村天风第一句话便是："你的胸部右侧患有严重的疾病，准备回国等死。但是你没必要死，你还有救。"天风被这句话震慑，他像被大师施了魔法般回答："我知道了。"之后他便跟着这位瑜伽圣人来到喜

中村天风

1 8 7 6 ～ 1 9 6 8

● 日本思想家、实业家、"天风会"创始人。

● 1876 年,中村天风出生于丰岛郡王子村,6 岁时开始学习家传剑术与拔刀术"随便流"。16 岁时,成为"帝国陆军"谍报员,参与日俄战争。战后,为治疗结核病偷渡到美国,并进入哥伦比亚大学学习。1911 年,邂逅印度瑜伽圣人,前往喜马拉雅山修行。1913 年,作为"中华民国最高顾问"协助孙中山进行二次革命。回国后,投身实业界,随后,创立"统一哲医学会",1940 年改为"天风会"。1968 年,92 岁的天风逝世。

马拉雅第三高峰干城章嘉峰山脚下一个村落进行修行。大师并未为天风寻医问药,进行病情的诊治,而是教他从内心回归真我,抛弃脑海中的一切智慧与知识,丢掉"作为文明人的骄傲",重新寻回"赤子之心",达到"身心统一",而这正是修行的开始,也是其精髓。三年的修行,中村天风便是在这样的状态中渐渐忘记了自己的病情,也正是因为这场修行,他的结核病被治愈了。

○ "晴天也好,阴天也罢,富士山的原貌是不会变的。"人类亦是如此,不论状态好坏,灵魂是不变的。这便是天风哲学的基础:"绝对积极"的思考方式。人的一生会发生各种各样的事情,而我们会习惯性地为其标上"好事"或"坏事"的标签,然而对于真正的"好"与"坏",我们无从分辨。因为我们在用理性去判断善恶的同时,也夹杂着感性思维,二者是连带关系。天风提倡的是,我们应该学会驾驭自己的感性思维。他认为,人类身心的原点是灵魂,也就是医学上所说的神经系统回路。若是切断这一回路,会招致事业与人际关系的不顺,甚至患上疾病。要想获得幸福,必须成为能制造幸福的人,这也是天风哲学的目的。关于正确对待生命的方式,天风说,生命即身心一体,最重要的一点是身与心都不能违背自然法则。为此,人们的内心要做到始终如一,不管怎样的场合都要以积极的态度去面对。

○ 直到现在,天风哲学在日本仍有着根深蒂固的人气,解读中村天风与天风哲学的书籍也在不断地出版。一个人内心的光芒,会成为世界的光芒。这大概就是天风哲学的真正效用吧。

理想武士的九个关键词

9 つのキーワードでわかる理想の武士像

刘子丹 / edit　刘佩佩 / illustration

03

□ 在电影《最后的武士》中，汤姆·克鲁斯饰演的美国南北战争英雄纳森被请到日本。此时正值日本明治维新时期，明治天皇欲训练一支现代化军队，废除传统而古老的武士道，纳森便被赋予这一重任。然而，日本大多数武士不肯抛弃传统的武士道精神，强烈反对将武士西化。他们甚至成立了武士集团，自立为政，想方设法阻碍军队变革……

□ 同为描写武士的电影，木村拓哉在《武士的一分》中扮演一个平凡的下级武士——三村新之丞，他的工作是帮藩主的饭菜试毒。新之丞因一次试毒病倒，双目失明，从此失去了收入来源。为了保住薪俸养活家人，新之丞贤惠的妻子加世拜托上级武士岛田藤弥向藩主求情，而岛田乘人之危，以此要挟加世失身于他。新之丞知道真相后无奈休妻，为了挽回武士的尊严，他向岛田发起了决斗……

□ 古代日本，在战场冲锋陷阵的武士除了拥有高强的武艺，对自身的要求非常严格，对武士道精神的维护也极为执着。

1　镰仓幕府的职务名。在庄园内拥有土地管理权、征税权等，支配领域内居民。

○ 武士源于 9～10 世纪诞生的武装集团，是依托对领主效忠的主从制度而存在的。12 世纪末，武士首领源赖朝建立源氏幕府（镰仓幕府），武家开始掌管天下。此时的武士虽为统治者，但在地方仍存在着相当有势力的"地头"[1]。到了 17 世纪，德川家康建立德川幕府（江户幕府），没有战乱的太平盛世到来，武士阶级不再以战斗为职业，而担当起了政治领导的角色。身份转变伴随而来的是巨大的特权与名誉，同时，高度的责任感与自觉度成为武士的必备素质。

○ 武士道自武士诞生以来，便是其不可分割的一部分。从最开始担当庄园、皇宫的保卫工作，到江户时代成为统治阶级，武士都有规诫自己的道义，这便是武士道。著名思想家、教育学家新渡户

稻造在其著作《武士道》中，对武士道做出了如下解释："武士道，从字面上来看，是战斗骑士之道——也就是说，战士们在职业上与日常生活中应该遵循的道义。一言以蔽之，战士的准则，即战士阶级的 noblesse oblige（高贵身份伴随而来的义务，位高则任重）。"

○ 作为拥有巨大特权的战士阶级，武士有着不得不遵守的伦理道德规范，武士道便由此诞生。即使是在和平的江户时代，也必须严格遵守规章。不用说不能有怯懦、卑鄙的行为，就算武士没有过错，但若被世人判定有悖武士道精神，就必须得死。若想成为新渡户所描绘的"理想的武士"，光处在太平盛世是不够的，可以说还得有着豁出性命的觉悟。

义

•

这是武士准则中最严格的教诲。
憎恶卑鄙的、不正当的行为,
有强烈正义感。

勇

•

在战争中冲锋突围, 战死沙场,
是一件非常简单的事,
毫无身份地位的人也能做到。
而在该生存的时候好好活着,
该牺牲的时候献出生命, 这才是
真正的勇气。不仅仅要有勇气,
还要为了正义敢作敢为。

仁

•

"仁"指恻隐之心。
武士在拥有行使武力这一特权的
同时, 也需要怀有孟子所说的
"仁爱之心", 同情与体谅弱者
与失败者。

礼

•

真正的礼, 是怀有一颗
体谅他人之心。不仅如此, 尊重事物
原本的道理, 并对他人的社会地位
致以相应的敬意,
同样是礼的体现。

信

·

武士需言而有信。
缔结的约定就算没有证明文书
也应当履行，说出来的话就算
拼上性命也要遵守，
这是武士应有的觉悟。

忠

·

对于武士来说，溅自己的血来表明
自己所言之忠诚，以此作为对
君主智慧与良心的最后申诉，
没有比这更理所当然的选择了。
忠诚是对上级的忠实与服从，
并不是盲目地追随。

智

●

武士道精神相信，
无关金钱、无法标价的工作是
存在的。智，并不单指知识，
也指拥有智慧和判断能力。

名誉

●

武士生来就需学会重视自己
伴随身份而来的义务与特权，
要知廉耻，
把名誉看得比生命重要。

克己

●

日本人善于压抑自己的情感。
在朋友最悲伤的时候去探访他，
他会红着双眼、两颊湿润，
但会露出与平日一样的
笑容来迎接你。
武士被要求将自己的想法与感情
深埋心底，不表露一丝。

2 日本江户时代有关武士修养的书籍，18 世纪初由佐贺藩士山本常朝口述、田代阵基记录整理。

○ 三岛由纪夫在其著作《叶隐入门》中对武士道经典《叶隐》[2] 及武士道精神进行了独到的解读。"叶隐"（葉隠，hagakure）在日语中的意思为"隐没在草木之间"，《叶隐》中脍炙人口的一句"所谓武士道，乃求献身事也"，其表现的是以死奉公，毫不犹豫，在君主目不可见处也要尽忠的武士道精神。如此悲壮而残酷的道德律，让武士的身份又增添了几分悲剧英雄的色彩。

武将何为？
群像之战国六武将

04

武 将 っ て 何 ？
戦 国 六 武 将 の 群 像

萧西之水 /text
勃勃 / illustration

谋略家，感性人

毛利元就

◊ "从此以后，我想安心生活下去，用一颗安静的心为后世祈福。"

◊ 很难相信，这种感性言语能从毛利元就这个谋略家嘴里说出来。

◊ 毛利元就一直给人以"谋略家"形象。的确，他在大内、尼子 两大势力之间左右逢源，利用两方争斗借力打力，不但自己生存下来，还摇身一变跻身战国大名之列，最后居然将大内、尼子两家全部掀翻，构建了横跨西国十一国的庞大领国。

◊ 他的谋略不仅体现在对待外敌，更体现在对待家人。

◊ 毛利家"三矢之训"传说很是有名：毛利元就将三个儿子（隆元、元春、隆景）叫到身旁，告诉他们一根箭容易折断，但三根箭不易折断，以此说明团结就是力量。故事本身虽属虚构成分，原型却存在于世，即著名的《三子教训状》："元春与隆景的意见，隆元即便不赞同也应听取，兄弟间重在互相谦让；隆元的决定，元春与隆景即便不赞同也应遵从。"这一番话至今依然是团结一致的教育典范，甚至连广岛（毛利家老家）足球队都叫"广岛三箭"。

◊ 毛利元就这番教导，无疑使得其"慈父"形象油然而生。

◊ 事情总有另一面。就在《三子教训状》写完不久，毛利元就单独给长子毛利隆元写了一封密信："为了你好，听我一句：对于家中人，谁也不要相信！"

◊ 不错，毛利元就就是这样一个人，哪怕对亲生儿子，也是当面一套，背地一套，丝毫不脸红。

◊ 应该说，这种性格的形成与他幼年经历有关。毛利元就五岁死妈、十岁死爸、十九岁死哥哥，弟弟跟他争家业，家臣把他赶出城池。在这个人生最需要爱的时刻，他却只感受到了浓浓的恨。

如果不是父亲的侧室收留了他，毛利元就恐怕活不到登上历史舞台——唯一的母爱竟然来自于父亲的侧室，这种经历构成了他极度猜忌的性格。

◊ 天文十九年（1550）7月，他一夜之间将不服管的井上家三十多名成员全部铲除；弘治二年（1556）3月，他指示前线将领，如果碰到不服从的势力，立刻全部清除、不留活口；永禄四年（1561）9月，石见国人福屋隆兼反叛毛利家，他立刻出兵击溃叛军，并将1000余名俘虏全部杀死。

◊ 但这样一个冷血谋略家，又为何会说出那样的话呢？

◊ 或许，这才是他本心所想吧。

◊ 其实细细品读毛利家现存文书，不难发现其中充斥着毛利元就对于过去的回忆与感叹，这点在战国武将之中极为罕见。想必，正是由于过早失去依靠，又过早被迫与整个世界为敌，毛利元就才必须早些成熟，以最快速度领导毛利家在夹缝中生存。

◊ 我们经常会认为，理性人最容易成功，因为他们懂得谋略。然而毛利元就告诉我们，当感性人掌握了理性思维之后，或许更容易成功，因为他们不仅懂得谋略，更不在乎将谋略当成人生的一部分，用在任何一个需要的角落。

○ 熙熙攘攘，皆为利而来往。但在日本战国时代，却有这样一位战将：他不畏强暴，扶助弱小；不为扩张领土，只为匡扶幕府。他高喊"欲生者死、欲死者生"，头缠白色头巾、高举"毘"字战旗，杀向敌阵。这就是一生大小七十余战却从无败绩的战国军神——上杉谦信。

○ 以上或许能概括谦信粉丝心中的上杉谦信。

○ 历来爱谦信者，多奉其为军神，崇拜他清心寡欲；厌谦信者，多视其为旧制度卫道士，阻碍社会发展。但严格意义上说，上杉谦信两者皆不是：若说他是清心寡欲的军神，则无法解释他为什么嗜酒如命；若说他是旧制度卫道士，则无法解释他为什么要与新势力北条家先战后盟。

○ 他只是在用自己的方式奋战——借力于义，反施于利。

○ 当上杉谦信还是长尾景虎之时，长尾家完全掌控地盘还不到半个越后国（今新潟县），领内国人一盘散沙，缺乏凝聚力。空有大片土地，却缺乏稳固后方，这个问题从一开始就困扰着他。况且长尾景虎能够继任，主要原因是大哥长尾晴景过于软弱，家臣极力推举这位弟弟，最终导致换人。

○ 越后政治体系中，家臣的地位很重要，家主是"盟主"而不是"主君"。对于盟主而言，一旦个人魅力无法建立，别说凝聚家臣，甚至有可能让家臣推翻。

○ 针对类似问题，武田信玄选择流放亲爹，织田信长选择往亲爹牌位上扔香灰，但上杉谦信选择了稳妥方式：尽量维护传统，维护亲族与家臣利益。虽然传统权威一直在没落，但只要善加利用，壮大自身并非不可能；虽然

义字当先的风格多少有些陈旧，却能赢得底层百姓支持，统治基础会更能巩固。

○ 在弱小的姑父高梨政赖受到强大的武田家进攻之时，上杉谦信选择与武田为敌；当关东管领上杉宪政要求他进攻北条家，他很快应允，最终获得关东管领职位与上杉苗字。关东管领看似是个虚职，上杉苗字看似也不那么重要，上杉谦信却将其作用发挥到极限：不仅统辖起越后国人，更赢得北信浓、上野两地国人支持，

在北国俨然霸主。

○ 上杉家在川中岛打了五仗，前后对峙十二年（1553~1564），似乎总有些得不偿失。但事实上，上杉谦信借助这场旷日持久的战役整合领内国人，建立起凝聚力更强的家臣团，上杉军也在一次又一次的对峙与作战之中获得成长，形成了战国时代数一数二的铁军。

○ 这支铁军在上杉谦信的人生末尾创造了不小的奇迹：天正四年（1576）9月，上杉军两万人进攻越中国，不到

两个月时间就彻底平定；天正五年（1577）9月23日夜晚，面对来势汹汹的柴田胜家，上杉谦信利用下雨天气击溃了风头正盛的织田军。

○ 面对织田家这一"革新"出的铁军，上杉家这一"坚守"出的铁军丝毫不落下风。若非天正六年（1578）3月15日上杉谦信突发急病而死，织田、上杉之战究竟鹿死谁手，还未可知。

○ 上杉谦信用实际行动告诉我们：革新是一种力量，坚守更是一种力量。

义与利的平衡点

上杉谦信

◊ 提及武田胜赖，不免联想起"败家子"三个字。

◊ 的确，武田信玄耗费一生建立了无敌的武田军团，结果武田胜赖贪功冒进，将优秀战将葬送在长筱战场，最终葬送了武田家，这不是败家是什么？

◊ 但另一方面，胜赖并非真的无能。刚一继任，他就攻克了远江高天神城。这个战略要地一直为信玄所梦寐以求，能攻克此处足见胜赖能力之强。就连极力吹捧信玄的《甲阳军鉴》也不得不赞扬道：较之信玄公，胜赖公更精于军事。

◊ 既然这么有能力，胜赖大可借助父亲留下的老班底，打出一片天下，为何却最终落得个国破人亡呢？

◊ 还要从胜赖的名分问题说起。

◊ 胜赖生母出身于信浓诹访家，是甲斐踏入信浓的第一位盟友。为了保护这层关系，他早期过继到诹访家，称作诹访胜赖。身为武田信玄第4子，他本来距离家督之位很远，怎奈大哥义信被迫自尽，二哥信亲患有眼疾，三哥信之早早去世，胜赖只得担负起大业。

◊ 但问题在于，虽然胜赖由诹访家回归武田家，但毕竟曾做过家臣，名分上不再适合做家主。信玄死前决定，将家督之位传给胜赖之子信胜，在信胜16岁之前，由胜赖代行家督之职。换句话说，胜赖并不是武田家督，位次上应看作首席家臣。

◊ 此举不失高明，却让武田胜赖成为了一个过渡人物，促进大量忠于武田信玄的旧臣对其存在不满情绪。

◊ 而且信玄死前，要求3年不许发丧，3年不许轻开战端。要知道，织田、上杉、德川当时已从各方向包围武田家。胜赖如果坚守不战，领国安全势必受到冲击；反之，如果主动出击，又会引来内部老臣不满。

◊ 信玄遗言将胜赖推入了两难境地：如果不进攻，威信无法建立，家臣会军心涣散；如果进攻，家臣必会以信玄遗言相威胁，更会失去家臣信任。应该说，如果胜赖真的是无能之辈，那他或许会遵从父亲遗言，家臣也会看在旧情上凝聚起来，维持一段时间稳定。但谁承想胜赖极富抱负，自然不会理睬家臣反对，反而是尽全力扩张武田领土。

◊ 都说长筱之战是武田胜赖愚蠢，非要用旧式骑马队冲击新式火枪队才导致失败。且不论正确与否，似乎很少有人注意到武田军布阵：中军后撤、两翼包抄，意在加大进攻面积。这种战术的最大关节就在中军，如果中军挺不住对手进攻，那战线就立刻崩溃。长筱之战中，由于对武田胜赖存在不满，中军武田信廉、穴山信君擅自脱逃，导致两翼被对手包围分吃，大量优秀战将战死沙场。

◊ 战后会议上，武田家臣春日虎纲曾请求将穴山信君处以极刑，武田胜赖考虑到稳定家中局面没有同意。但这种仁慈没能挽回老臣的心，在未来织田·武田之战中，武田家臣一个接一个叛逃，最终将胜赖逼入绝境。

◊ 如果放在任何一个家族，恐怕武田胜赖这种有勇有谋的武将都不至于落得如此下场，然而在武田信玄的阴影下，胜赖越努力，就离毁灭越近。即便有着理想与能力，也要先想办法融入体系，调动起体系的最大能量，进而攀登理想的高峰——这就是武田胜赖之败为我们传达的信息。

另类「败家子」

武田胜赖

信仰毁灭者

织田信长

- 织田信长身上有太多标签：尾张大傻瓜、改革家、革命家、风云儿等等，但如果说这些标签里哪个最具吸引力，恐怕"第六天魔王"应该当选。

- 当年织田信长与武田信玄斗嘴。信玄写信落款是"天台座主"，这是告诉对方：我后面有佛教势力支持，你别轻举妄动！信长回信落款就来了个"第六天魔王"：你不是有佛教势力吗？我就是那个摧毁你们成佛的第六天魔王！

- 斗嘴居然往落款上斗，这两个人可谓奇葩。

- 中国人或许很难理解，宗教势力在日本影响一直非常严重。与中国佛教有所不同，日本佛教僧人更倾向于攫取领地，训练僧兵，增强势力。到平安时代末期，比叡山僧众势力足以同京都皇权相抗衡，一旦要求得不到满足，僧人就会发起"强诉"，对中央权力形成巨大威胁。

- 这一情况到了战国时代更加危险。天文年间（1532~1555），净土真宗本愿寺派早已成为战国大名，领地以石山本愿寺为中心，以纪伊国、伊势国长岛城、加贺国、越前国等地为辅助。由于宣扬众生平等，信徒广播于各个角落，只要本愿寺中央一声令下，他们就会在地方形成暴动。大多数大名都与本愿寺修好，以求免于动乱，但织田信长却不能容忍他人酣睡在自己的卧榻之旁。

- 永禄十二年（1569）4月，织田信长接见葡萄牙天主教传教士路易斯·弗洛伊斯，并邀请他与佛教大师展开辩论，推广天主教影响。同时，他在邻国内实行自由市场政策，吸引商人从寺庙附近来到城下町，繁荣自己，削弱对手。

- 本愿寺当然不会善罢甘休，元龟元年（1570）9月，本愿寺发布檄文，宣布信长为"佛敌"，各地僧众立刻四起，同时朝仓、浅井进军京都，与比叡山僧众结成一体，织田家只得假借天皇之命暂时议和。

- 但信长却首先违反和约，元龟二年（1571）9月，织田军放火焚烧比叡山；天正二年（1574）9月，织田军进攻伊势长岛城，城中僧众连带老弱妇孺2万人全部丧命；天正三年（1575）8月，织田军进攻越前国，总计杀死4万名本愿寺僧众。

- 三次屠杀奠定了织田信长的"残暴"印象。然而不难发现，信长对待其他大名却大多采用怀柔政策：对待著名奸臣松永久秀的背叛，他选择接受；征服越前国之后，他仍然允许原来豪族拥有当地权力；即便是羽柴秀吉擅自脱离阵线，造成柴田胜家大败于上杉谦信，他也没有给予处罚。

- 应该说，织田信长残暴，大多针对佛教势力。有别于普通大名，本愿寺一直是政教合一，僧众大多有着疯狂信仰，难以说服。一旦与其为敌，很多己方人马也有可能投靠本愿寺，极为危险。恐怕织田信长明白，如果不用现实暴力来摧毁精神信仰，本愿寺依然会死灰复燃，威胁他统一天下的进程。

- 经过织田信长全方位打击，天正八年（1580），本愿寺十一代法主显如宣布离开石山本愿寺，织田信长最终在这场战争中取胜。

◊ 从一介下级武士一跃成为"天下人",丰臣秀吉的一生无疑是波澜壮阔。但考察其一统天下的原点,却发现居然是两场"赛跑"——一次进攻明智光秀,一次进攻柴田胜家,而两次赛跑都不是傻跑,而是有规划的冲刺。

◊ 先说第一次,中国大回转。

◊ 天正十年(1582)6月2日,明智光秀发动兵变,在本能寺杀死织田信长。巨人陨落,留下的不仅是悲痛,更是机遇:谁能为主君先行报仇雪恨,谁就在日后占据先机,谁就能继承织田家大业!

◊ 6月3日,秀吉得知消息,4日清晨立刻以严格条件逼迫毛利家议和,下午签约完毕。

◊ 按一般人想法,这时候就应该立刻启程行军,回援京都。

◊ 然而要真这么干,绝对要冒很大风险。事实上,就在双方议和之后一小时,毛利家就知道织田信长已经死了,"毛利两川"之吉川元春气愤异常,要求撕毁合约,若不是有另一"川"小早川隆景拦着,恐怕毛利军早就再开战端了。

◊ 秀吉也预料到了这一点。6月5、6日,他接连两天时间没有动窝,就是看着毛利军无意再攻,他才于7日展开"大回转",一昼夜走了五十五公里来到羽柴家在西国的大本营——姬路城。

◊ 到了姬路城,秀吉一边休整,一边给属下分发赏金,一边给近畿一带织田家臣写信,声称织田信长逃出生天,希望大家跟着自己一起干掉叛徒明智光秀。就这样,秀吉将姬路城到京都之间的主要城池都疏通好,9日早上继续行军,11日早上越过八十公里到达尼崎城,距离京都只有四十公里了。

冲刺规划

丰臣秀吉

◊ 凭借速度优势,6月13日,羽柴军击败明智军,抢得先机。

◊ 接下来说个更劲爆的,大垣城回转。

◊ 其实"中国大回转"虽然动听,但单纯就速度而言,一天最快才走了五十五公里,而且路途大多为沿海平原,并不算特别迅速。接下来的大垣城回转,让人们看到了羽柴军的速度有多么可怕。

◊ 天正十一年(1583)羽柴秀吉与织田家首席家臣——柴田胜家对峙于近江长滨城北部的贱岳地区,织田信长第三子织田信孝举兵支持柴田胜家,这无疑是在羽柴秀吉背后捅了一刀子,秀吉主力离开战场。柴田胜家认为这是一个好机会,4月20日中午派遣佐久间信盛为先锋进攻羽柴军阵营,不到一下午就接连占领了两个山头。

◊ 羽柴秀吉当时已经走远,而且山路崎岖、不便行军。一边是需要解决的危机,一边是需要平定的背后刀子,在艰难抉择中,秀吉毅然下令回返。

◊ 但这次回返绝不是鲁莽行为。秀吉派遣使者先行前往大军必经之路,重金赏赐周围农民,要求他们提供粮草火把,护顺大军回归之路。仅仅用了四个小时,羽柴大军就从五十二公里以外返回贱岳,紧接着马不停蹄地击溃了柴田军。

◊ 时间就是生命,这点不假,但若是不顾一切、仅追求效率,也会为危险埋下伏笔。秀吉在两次赛跑之中,一边发挥着冲刺精神,一边更发挥着日本商人式的计算精神,将部队行军的每一个细节都周密思考过,辅以大量金钱与高素质军队,最终赢得了织田家这块大蛋糕。

◊ 庆长五年（1600）9月5日，关原之战。

◊ 数百年后，德国军事专家梅克尔受日本邀请观看关原之战布阵图，看了没多久，他立即表示 西军（石田三成）必胜！

◊ 虽然石田三成这人在行军打仗上缺乏经验，但布阵还算是极其讲究：主力部队在宽正面均匀布防，一万五千小早川秀秋的部队在南部寻机进攻，更远的东南部还有毛利家一万七千兵马。整个阵形如同口袋一样，中间套住

了东军（德川家康）的必经之路。只要袋子一收口，东军马上就会玩完。

◊ 但结果如大家所知，东军获胜，这又是因为什么呢？

◊ 不错，这一仗，家康没有胜在台面，而是胜在攻心。

◊ 丰臣家内部不和，这早就不是新闻了。文臣、武将两派从朝鲜战争结下梁子，经由丰臣秀次事件（丰臣秀吉杀死外甥）激化，再到定海神针前田利家去世彻底爆发，七名武将从大阪追杀石田三

成一直追到伏见城。

◊ 但身处伏见城的德川家康不但没有杀掉石田三成，反而出面调停，保住了这个对手。

◊ 既然德川家康一直站在武将派这边，为什么又要留下石田三成呢？

◊ 很简单，越需要盟友，就越需要敌人。

◊ 在整场关原之战中，德川家康意图将石田三成塑造为敌人，拉拢丰臣武将派势力，让两方互相咬，自己只是各家盟主，而非君主。这种模式很容易降低丰臣武将派的

戒心，德川家则凭借强大军力成为"评判者"。

◊ 庆长五年（1600）6月，德川家康出兵征讨上杉景胜，7月途经下野国小山，得知石田三成纠集毛利元就举兵反对德川家，旋即召开军事会议。家康表示：参军众将的亲属都被囚禁在大阪城，如果大家希望离开，他绝不会强迫留下。这一招欲擒故纵让丰臣武将感激涕零，福岛正则、池田辉政、细川忠兴、黑田长政这些武将中坚都表示绝不离开，山内一丰甚至将自己的挂川城领地奉献给德川家。

◊ 8月德川家康回到江户城，但他并不着急前往近畿平乱，而是在江户城写信，同时发动德川家臣也写信，对象是西军各大名。其中本多忠胜给吉川广家的信件中就提到：只要加入我们，就给你加封地，保你荣华富贵！

◊ 这些信件如雪片一样飞向西军，极大动摇了西军人心。到关原之战，西军总大将毛利辉元竟然拒不出战，固守大阪城；关原的毛利军1.7万人更是在整场战役中全然不动，上面提到的吉川广家硬是在关原吃了3个多小时的饭；至于小早川秀秋，更是在战役关键时刻易帜德川，倒戈进攻西军，最终导致局势大变。

◊ 攻心为上，下政攻城，德川家康深明这个道理。再大的事情也是人去做，只要是人做就会有漏洞，只要有漏洞就能抓住漏洞、掀翻对手。经关原一战，丰臣家无论是文臣还是武将都大量损伤，德川军主力却因德川秀忠耽误而没有出现在战场上，力量获得了保全。德川家未来能开府称霸，肇始于此。

攻城不如攻心

德川家康

战国风云：赤诚忠心终究无力回天

石田三成与关原之战

戦国風雲：いかなる忠誠でも、回天が無理

石田三成と関ヶ原の戦い

洪维杨／text　知日资料室／picture courtesy

○ 庆长五年九月十五日（1600 年 10 月 21 日）发生的关原之战，堪称日本史上动员兵力规模最大的内战，以德川家康和石田三成为统帅的东西两阵营均投入超过十万的兵力，战前双方都认为这会是一场持久战，谁知开战后不到一天，这场被称为"决定天下归属的战役"就分出胜负。

○ 明治时代日本陆军大学曾聘请德国陆军参谋梅克尔（Klemens Wilhelm Jacob Meckel）少校担任该校的教官，梅克尔看过关原之战双方布阵图后，认为西军占有地形上的优势，并以鹤翼之阵的阵势包围东军，断定西军获胜。

○ 然而梅克尔少校是纯粹出自军队的布阵以及地形地势做出的判断，而未考虑到人的因素。但吊诡的是，人类历史上的战争，人的因素往往是决定战争胜败最关键的原因。最后西军为何与胜利失之交臂？相比老气横秋的德川家康，作为败军统帅的石田三成有着怎样的性格？他对整个战局又有怎样的影响？

○ 石田三成幼名佐吉，原本是近江国某间寺院的寺小姓（寺院的少年杂役），丰臣秀吉成为近江长滨城主后的某日，打猎归来时进入佐吉出家的佛寺要一杯茶解渴。

○ 当时只是一介少年的佐吉，虽不清楚来访的是谁，但隐约知道是个地位极高的大人物，前后三次端出三杯温度不同的茶来。秀吉问他原因，佐吉回答道："我看您相当口渴，因此第一次拿最大的茶杯盛着温茶让您解渴；第二次用较小的茶杯盛水温稍高的茶端出，看您慢慢喝完后知道您已经适应热水温度；第三次用更小的茶杯和更烫的热水盛茶端出，请您仔细品茶。"秀吉相当满意佐吉的贴心及聪颖，离开佛寺时将他带在身旁。虽然这已证实是后世文学家的创作，但是佐吉的细心与他面对权贵人物时不卑不亢的态度，和他日后人生对照起来，也不至于过度离谱。

○ 此后，包括秀吉以织田信长军团长身份征战各地，以及信长横死后秀吉取得织田家继承权后平定天下的战役，石田三成几乎无役不与，到关原之战少说也累积数十场战役。然而，除小田原征伐系列战之一的忍城之战外，他不曾以总大将身份率军作战。而且忍城之战他率领的兵力不过七千五百人，如果这样的兵力石田三成都难以驾驭，那么超过忍城之战十倍以上兵力的关原之战更难驾轻就熟才是！

○ 石田三成既无决胜于千里之外的谋略，也无一马当先、冲锋陷阵的勇猛，更无指挥全军的器量，所以他既没办法当军师、参谋，也无法被指派为先锋，更与总大将沾不上边。换言之，当时武将或大名的类型要么是总大将，要么就是先锋或军师参谋，石田三成并不属于上述三种，因此长期下来作为武将的评价并不高，连带他的优点也被掩盖住。其实石田三成有一项在那个时代几乎无人能及，且在战场上又至关重要的专长，那就是他的计算调度能力。

○ 石田三成二十岁左右，秀吉想给他增加俸禄，把他叫来说道："佐吉，给你五百石俸禄，希望你今后更加勤奋奉公。"若是一般人，多半会感激涕零地说出，今后我当更加勤奋，不负这五百石的俸禄等一类的话语，石田三成则不然，他对秀吉说道："倘若如此，请赐予我淀川河原上的芦苇，让我对割取这些芦苇的民众征税，相当于一万石的税金。"当时芦苇在淀川河原两侧自然生长，可作为屋顶的草葺、苇帘等用途，但从未有人想过向割芦苇的人课税。石田三成于是辞领五百石俸禄，从秀吉手中取得这项权利后，通过计算规定出每单位合理的征税额，鼓励农民割下芦苇制成产品向京都、大阪销售，结果获取之利润超过万石。

○ 秀吉自从被信长封为近江长滨城主后，即在领地内广纳人才，平民出身的他更视阶级藩篱如无物，石田三成、加藤清正、福岛正则都是平民出身为秀吉所发掘、重用。

○ 1582 年起秀吉在领地内进行"检地"，把民众隐而不报的土地或是刚征服的土地丈量一番以作为地方纳税的标准。这种事一般武将做不来，只有像石田三成这种计算天才才有办法，三成以及同为近江出身的增田长盛、长束正家在尔后的十余年几乎跑遍整个日本，丈量全国各地，完成所谓的"太阁检地"，规定各大名的赋税标准，为丰臣政权奠定了财政基础。

○ 1592 年起的出兵朝鲜之役，石田三成精于计算调度的才能更是发挥得淋漓尽致。面对四万艘船、二十万大军，以及无数的马匹、军粮、马料、火药、子弹、弓箭，如何在最短时间内最有效率地将这些作战人员及物品从名护屋运往朝鲜半岛，一般人光看到这么庞大的阵仗就已头大。而石田三成等人虽在战场上难以立功，在另类的战场上却立下不逊于攻城略地的功勋，他们三人与浅野长政、前田玄以被秀吉封为"五奉行"，是丰臣政权政务的实际主导者，后来石田更成为五奉行之首。

○ 石田三成在二十五六岁时终于因为立下的功勋被秀吉拉拔为大名，尽管比加藤清正、福岛正则等秀吉自小带到大的亲戚晚了几年，俸禄也少了许多，只有四万石。但是比起加藤、福岛身处偏远的九州岛、四国，三成的领地就在京都附近的近江水口，近江不仅地理位置重要，经济地位也很重要，更是石田三成的故居，秀吉此举显然将三成视为重要的心腹置于身边。

○ 三成成为大名后，秀吉问他招募了哪些家臣，三成回答说只招募了一人，即岛左近。秀吉听后点头说道："岛左近是天下名士，用微薄俸禄应该请不动，你用多少俸禄请他来啊？"三成回答二万石。秀吉说道："这么一来你不就和他领相同俸禄了吗？君臣同禄这可是自古以来未曾听闻！"三成淡然地回答："我以二万石招募左近，当下似乎是我吃亏；但是左近的才干足以帮我打下二十万石，我现在才以二万石招募他不是太值得了吗？"有了岛左近作为家臣的石田三成后来果然成为近江佐和山十九万五千石的领主，因此时人流传着这么一句话："三成过人之处不过有二：岛之左近及佐和山之城。"

○ 但三成几乎与丰臣政权底下的大名都不和也是不争的事实，那么这是怎么回事呢？

○ 秀吉出身尾张，在他被织田信长提拔为近江长滨城主之前，部下多数是同乡出身。这些人教育程度有限，出身草莽，把自己的未来赌在秀吉身上，是秀吉创业的股肱。秀吉成为长滨城主后，近江出身的石田三成、增田长盛、长束正家因有着极高的行政效率而为秀吉发掘，成为身边的文官。随着秀吉逐步平定各地，武将不被重视的感受即便迟钝如尾张武将福岛正则也能感受得到，因此尾张派对近江派会有怨恨的心理也就不难理解。

○ 如前所述，朝鲜之役让石田三成精于计算调度的才能充分发挥，但是就如双面刃一般也充分地展示了他个性中的缺点。本来"将在外，君命有所不受"乃天经地义，征讨朝鲜的统帅如加藤清正、黑田长政等人都会视情况独立执行任务，但在监军石田三成的眼中，这些行为成为秀吉体制的挑战者，于是他把亲眼所见的事实书

面上报秀吉⋯⋯

○ 身为朝鲜之役的监军，石田三成本来应秉持一视同仁的公正之心，将前线将领的所作所为禀报秀吉。但他的报告中对好友小西行长多有偏袒，当加藤清正立功，三成就说他违反军令在先，最后立功的反而变成小西行长，加藤则被解除统帅的职位。类似这种情况相当多，在关原之战开战前，石田三成已经将秀吉政权底下的武功派将领得罪光了，这也难怪这些将领在关原之战全部投靠对立的阵营。

○ 关原之战的发生起因于德川家康率领众大名前往会津讨伐不听命的上杉景胜，然而家康只是做做样子，他并非真的要讨伐上杉，他只是借着离开京都之便引石田三成起兵，再折回头讨伐三成。

○ 三成和上杉家的家老直江兼续曾约定同时在会津和京都举兵讨伐家康，具体方案为上杉家在会津揭起讨伐家康的旗号，三成则在京都号召西国大名响应。这个计划最后并未落实，因为三成等不到家康进入会津便迫不及待起兵，使得家康有充分的时间折回。

○ 关原之战西军失败的原因倒不是计划不缜密，而是让三成这样一个缺乏人望和器量的人来当统帅，加上一味地主张武将要报答太阁的恩情，太阁的恩泽并不及于所有的武将，这种口号很难打动中立武将。德川家康是拥有二百五十五万石领地的大大名，他是五大老之首，官位是从二位内大臣；相较之下，石田三成只

是十九万五千石的近江佐和山城主，虽为五奉行之首，官位不过是从五位下治部少辅，何者较具号召力一看便能分辨。

○ 决战前夕家康和三成不断写信拉拢观望的武将，信件之多足令现代人咋舌！其中也有不少武将同时收到两人的信件，遇到这种情形的武将几乎无一例外投靠东军。三成引为盟友的增田长盛甚至私下将三成的一举一动快马传信通知家康。

○ 九月十五日关原之战开打后，西军只有三成、大谷吉继、宇喜多秀家、小西行长等部队投入战争，其他的都在观望，西军号称十万兵力，但实际投入作战的大概只有三万。

○ 西军以此迎战东军七万余人，但在小早川秀秋叛变之前的六个小时，双方战得不分胜负，西军甚至还几度逼退东军，让福岛正则、细川忠兴、黑田长政、藤堂高虎等将领颜面无光，让人在桃配山上观战的德川家康因为战局陷入胶着不自觉咬起手指头。

○ 石田三成一定希望南宫山上的毛利家或是松尾山上的小早川秀秋能够派来支部队参战，以扭转战局，但是他的盘算落空，毛利家打定主意从头到尾都采取中立观望的态度，小早川秀秋则打算看准时机倒戈，他们是不会驰援三成的，而在三成周遭的岛津家则因三成的高傲无礼惹恼岛津义弘，也采取见死不救的态度。下午两点从松尾山上冲下来的小早川秀秋军决定了这场日本史上最大规模内战的结局。

○ 战后，三成躲藏在伊吹山中于九月二十一日被搜捕的东军将领逮捕，十月一日与小西行长和毛利家的外交僧安国寺惠琼于京都六条河原问斩。

○ 行刑前三成曾向警卫说自己口渴希望能喝点水，旁边的人只给他几颗柿子。对此三成说道："柿子对身体不好，我不想吃。"警卫听了不屑地说道："那又有什么关系！反正你等一下就要身首异处。"三成泰然说道："怀有大志的人，即使到生命的最后一刻也还是会爱惜自己的生命。"

○ 任何政权在面临覆灭时，总会有几个不合时宜的人在为延续该政权而作困兽之斗，他们不见得是该政权的既得利益者，却是以一颗最赤诚的心给试图灭亡该政权的入侵者以最后的反击。石田三成扮演的正是这样的角色，只不过三成虽有赤胆忠肝的心，却无与之相符合的领导统御，要担任丰臣政权的领导人可能太过勉强。结果石田三成硬是担任这个职务，反而将原本有可能加入西军或是采取中立态度的武将推往家康阵营，结果加速丰臣政权的灭亡。让石田三成这种执拗别扭的人来领导，或许正是上天有意灭亡丰臣政权。

冒险，设计师的美德

挑 战 、 デ ザ イ ナ ー の 美 德

萧西之水 / text
陈晗 / edit
知日资料室 / picture courtesy

□ "有些人把以往的设计常规与标准予以神化，不加思考就全盘接受，我不会这么做，反而会思考其根据，寻找新的突破。"
□ 语出堀越二郎，三菱著名飞机设计师。
□ 去年夏天，宫崎骏动画电影《起风了》（風立ちぬ）在日本大放异彩，展现了这位著名设计师如何度过其青年时代，如何将飞行梦想转化为现实。虽然影片中爱情桥段移植于另一个故事，但主人公堀越二郎的性格定位却准确无误：向往蓝天，追求自由，也开创了飞机的新时代。
□ 堀越二郎之所以名垂于人类飞行史，并不仅是因为他设计出了零式战斗机，更重要的是，他打破飞机设计的既定常规，不仅为飞机工业开创了崭新参照，更为日后运输工具的设计提供了革新思路。

要求，史上最严苛

○ 1937 年 10 月 6 日，堀越二郎在三菱重工名古屋航空机械制作所里工作。
○ 这一年，中日战争爆发，日本派遣大量战斗机投入前线使用。但经历实战之后，日本军部发现当时的主力机型——96 式舰上战斗机并未体现出绝对优势，反而由于续航能力、战斗力等方面的缺陷，常遭到中国空军击落。海军航空本部找到三菱重工，希望能够设计出更强的战斗机。
○ 对这一消息，堀越二郎并不意外，早在 5 月，航空本部就曾叫他去东京研究现有战斗机如何改进、是否需要设计新型飞机等问题。但当海军官员将具体要求交给三菱重工之时，堀越二郎还是大吃一惊——这是一项极难完成的任务。

○ 为什么说难以完成呢？对比 96 式，新式飞机要求航速更高、上升速度更快、续航能力更强，火力也要增强数倍。但这里有一个很明显的悖论：如果追求更高、更快、更强，机身就不能太重，搭载武器就不能太多，火力就上不去；但如果追求更强的进攻能力，就需要搭载更多武器，这时候再追求续航能力，油料箱必须扩大，机身就会更重，反而影响灵活度。简而言之，速度、续航力、战斗力三者最多只能兼顾两个，极端情况下甚至只能顾及一个，就好像不能要求一个短跑运动员既擅长长跑又精于格斗。
○ 正因如此，三菱重工的竞争对手——中岛飞机制作所宣布放弃竞标，但堀越二郎却想尝试一下。

**MITSUBISHI
A5M2B**
✝
**九六式
舰上战斗机
二号二型**

最高速度：426km/h
上升能力：5 分 54 秒、5 000m
续航力：1 200km
兵装：7.7mm 机枪 ×2

**MITSUBISHI
A6M "ZERO"**
✝
零式舰上战斗机

最高速度：500km/h
上升能力：3 分 30 秒以内、3 000m
续航力：1 400km
兵装：7.7mm 机枪 ×2
　　　20mm 机枪 ×2

○ 1938 年 3 月，堀越二郎希望海军能把三个指标按重要性排序。但在见面会上，海军内部却出现了两种声音：海军飞行员认为，击败对手的第一要义一定是战斗力，可以牺牲少许速度与续航力；海军航空厂却认为，在中国战场上，战斗机主要目的是掩护轰炸机行动，必须有着强大的续航能力，同时为了更好追击对手，速度提升也势在必行，至于战斗力，可以通过训练飞行员来提高。

○ 海军内部存在分歧，而且公说公有理、婆说婆有理，永远不会有答案。堀越二郎终于明白，设计师的任务，就是同时满足两方要求，同时全方位提高三项性能。

○ 如果需要提高全方位性能，那一定是在呼唤一次划时代的变革，一位足以掀起这场变革的设计师。

变不可能为可能

○ 提高性能也好，变革也好，虽然动听，但具体到设计之上，光说漂亮话一点用也没有。

○ 1924 年，堀越二郎进入东京帝国大学航空学专业就读。这一时期，航空学刚刚兴起，日本研究者少之又少。堀越二郎就读之时，学生只有 26 人，教授、讲师加在一起也只有 13 人，平常授课并非一板一眼，而是鼓励自由讨论。这种环境不仅培养出亲密的师生关系，也将堀越二郎本身自由奔放的性格发挥得淋漓尽致。

○ 进入三菱之后，堀越二郎做了 5 年基础工作。1932 年，日本海军决定自主开发军用飞机，三菱重工顺势将资历尚浅的堀越二郎确定为设计主任。或许正是看中了他经验不足，不会受制于各种条条框框，三菱重工才将这个重任交给了年轻的堀越二郎。

○ 对于新战斗机，这位从业仅有 10 年的设计师会有什么考虑呢？

○ "战斗机的生命在于空战中实现高速飞行、快速上升、急速旋回，在战斗力提升的前提下，尽可能降低重量就是最重要的课题。"

○ 想要降低重量，一般有两种选择。第一种比较高科技，就是开发又轻又硬的新材料。当时住友金属刚刚开发出 7075 号铝合金，堀越二郎立刻将其定为飞机制材，使得飞机重量整体减轻了 30 公斤。

○ 与此同时，堀越二郎也没有放弃第二种办法，也是一种典型的笨办法——尽量在各个方面减轻机体重量。

○ 但即便是笨办法，也并非没有突破。

○ 普通飞机飞行时，一般只受 1 倍重力作用，但战斗机经常会做出各种高难度动作，最大受力可达到 7 倍重力。但这并不是说飞机材料禁得住 7 倍重力就可

以了，因为飞机制造有所谓"安全系数"之说，也就是在这个最大受力的基础上乘以一个系数，只有禁得住这个力度拉扯，才称得上安全。按当时通行标准，这个安全系数是 1.8，换言之，材料需要禁得住 12.6 倍重力才行。

○ 堀越二郎深知这一点，但考察具体问题时，他发现即便用同样的材料，零件形状不同也会影响安全性。比如细长或是薄平板部分，其韧劲就非常强，即便巨大的弯曲之后也能迅速还原，更容易耐住强力；相反，短粗或是厚平板部分，看似坚固却短于韧劲，受到强力很容易被破坏。

○ 前者较之后者更具耐力，如果将两者都用同样的安全系数来衡量，理论上多少有些说不过去；但如果不这么做，又违反了设计惯例，面对两难困境，堀越二郎会怎么做呢？

○ 正如开头所言：不能盲从既成规定，而要从根本思考，寻求突破。

○ 堀越二郎最终决定，将细长或薄平板部分的安全系数降低为 1.6，其余部分保持 1.8，又一次给飞机减了肥。有趣的是，"二战"结束之后，公认安全系数从 1.8 下调到 1.5，堀越二郎虽然多少有些冒险，但先见之明却可见一斑。

○ 人的性格若是追求冒险，印象上总会与不拘小节联系在一起，然而堀越二郎却并非如此。

○ 这位设计师有一种日本职人的专注精神，一旦进入工作模式，会立刻变成"工作狂"。每当跟同事一起吃饭，别人都在兴高采烈地聊天，他却闷闷不乐地兀自思考。有了灵感，他会催促下属反复修改提案；没有灵感，他经常会趴在桌子上哼哼唧唧，

搞得周围同事都有点烦他。不过可以看出，这位设计师不仅具备冒险精神，更对工作的坚持异乎常人，可谓胆大心细。

○ 如果说他的胆大体现在如何突破常规，那么他的心细则体现在如何从细节上给飞机"减肥"。

○ 飞机设计中存在"重量加倍系数"：如果飞机不小心增加了1公斤重量，那么为了支撑这1公斤，必须增加部件强度；而为了支撑多出的重量与部件强度，飞机机翼必须要更大，结果是某部分重量增加1公斤最终会导致机体重量增加至少2.5公斤。

○ 一定要去除每一个不必要的零件——这一理念成为了堀越二郎思考的基础。

○ 那在飞机各部件之中，哪些是不必要的呢？堀越二郎首先瞄准又多又重的金属件。以往的日本战斗机设计中，机翼大多分为内、外翼两部分分别制作，两部分中间用一个金属件连接。堀越二郎特地将主翼面积相对减小，使其能够整体制作，进而省去了两个巨大的金属件。

○ 此外，他还设立了"即便1克也要减"的设计理念。有一次，团队下属递上了辅助翼的操纵系统设计图，堀越二郎立刻打回重做。理由很简单：如果将图中的钢制金属件改为铝合金，就能降低4成重量。

○ 然而需要注意，即便能降低4成，但由于这个金属件本身很轻，实际重量仅仅降低了75克，相比整个机身只是3万分之一。针对这一疑惑，堀越二郎解释道："即便只有机身重量的10万分之一，该去除的地方也要彻底去除！"

○ 但这种对细节的追求却导致了更大程度的冒险：为了减轻重量，零式战斗机没有为驾驶舱、引擎、油箱等重要位置设计装甲，这就使得零式成为一柄双刃剑。"二战"时期还不存在导弹，空战大多数为近战，胜负主要取决于飞机敏捷度与飞行员素质。若是飞行员经验丰富，战斗机就能发挥其灵活性，对敌产生威胁；反之，飞行员是新手，那么战斗机不但发挥不了灵活性，反而容易成为对手的靶子。

○ 但即便如此，由于资源短缺、要求苛刻，堀越二郎不得不在飞机的某一方面性能上做出牺牲。这种冒险精神缔造了早期零式的神话，也为零式没落埋下了伏笔。

○ 1939年4月1日～4月25日，零式成功试飞。经过实际飞行发现，战斗机速度高于490km/h，比之前预计的480km/h还要高出10余千米。至此堀越二郎终于松了一口气，这架飞机想突破500km/h已经不是梦想了。

零式：由盛到衰

○ 1940年9月13日，零式战斗机首次投入大规模空战，这就是著名的重庆璧山空战。中国空军出动30架战斗机迎敌，谁承想日军的13架零式却显示出了更强的优势：不仅具备更强的机动性，火力也异常强劲。中国空军认为日本空军是远道而来，本想通过缠斗战术耗尽对手油料，不料零式的续航能力远超想象。最终中国空军损失27架飞机，日军仅一架飞机因重伤在降落时坠毁。

○ 太平洋战争爆发之后，零式成为了日本空军首选。据统计，从1941年12月

1　第二次世界大战末期，由日本海军中将大西泷治郎首倡，用于对抗美军、挽救失败局势的特别攻击队。其中最出名一支名为"神风"，因此统称"神风特攻队"。

8 日空袭珍珠港开始，到 1942 年 3 月爪哇岛战役为止，日军一共击毁 565 架盟军飞机，其中光零式战斗机就击毁了 471 架，占总数的 83%。

○ 零式过于恐怖，让美国飞行员闻风色变，甚至总结出了这样的经验：遇到雷雨天气要撤退，遇到零式战斗机也要撤退。1942 年 6 月，美军俘获零式并反复试验。针对零式战斗机装甲薄弱、俯冲能力差等缺点，美军制定出了大量空战对策，且依靠强大工业能力与丰富的资源开发出了超越零式的 F6F "地狱猫"战斗机，彻底扭转了太平洋地区的空中局势。随着优秀飞行员不断丧生，零战这柄双刃剑的另一面逐渐显露，最后沦为 "神风特攻队"[1] 的自杀飞机。

**MITSUBISHI
A6M2 "ZERO"**
†
**零式舰上战斗机
二一型**

最高速度: 533km/h
续航力: 1 433 ～ 2 530km
兵装: 7.7mm 机枪 ×2
　　　20mm 机枪 ×2
油箱大小: 680L

最高速度: 612km/h
续航力: 1 520 ～ 2 500km
兵装: 12.7mm 机枪 ×6
　　　20mm 机关炮 ×2
油箱大小:
　　227L（机身）+331L（两翼）×2

**GRUMMAN F6F
HELLCAT**
†
**F6F "地狱猫"
战斗机**

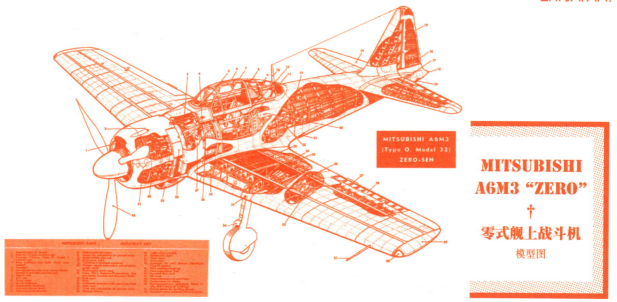

MITSUBISHI A6M3 (Type O. Model 32) ZERO-SEN

MITSUBISHI A6M3 "ZERO" †

零式舰上战斗机

模型图

○ "二战"之后，堀越二郎退出战斗机设计，转向民航飞机。日本战斗机轻巧灵活，这种轻量化思路肇始于节能；而欧美战斗机设计大多以高马力、高性能为中心，但这也与高能耗连在了一起。无独有偶，汽车设计之中，美国在很长一段时间里也倾向于人高马大，日本则尽量减轻车重。早期美国汽车横行天下，而70年代石油危机爆发，消费者纷纷寻求节能汽车，日本汽车反而大行其道，甚至占领了美国市场——日本节能思路虽然败于空战，却在商战中取得优势，不得不说是历史的吊诡。

○ 1970年，堀越二郎出版了回忆录《零战》，他曾经以一句话总结了零式战斗机的设计历程：

○ "如果日本人如同一部分所言，只是精于模仿或是小工艺品，那么零式战斗机根本不可能设计出来。"

○ 的确，零式战斗机虽然已经离我们远去，但其代表的革新思路与冒险精神，却依然影响着如今这个时代。

† 图片来自 "Japanese Aircraft of WWII" 网站。图中包含零式在内各种型号日本战斗机：紫电改一一型、紫电改二一型、四式战斗机Ki-84、九七式战斗机、九六式舰上战斗机、零式舰上战斗机、五式战斗机Ki-100、三式战斗机Ki-61、一式战斗机Ki-43、二式单座战斗机Ki-44、雷电战斗机等。

稻盛和夫　燃烧的斗魂

稲 盛 和 夫　　燃 え る 闘 魂

陈伟 / text
京瓷株式会社 /picture courtesy

● 稻盛和夫。

○ 在拥挤的人潮中，稻盛和夫被簇拥着走入视野。这样的场面，他已经司空见惯了。在过去的几十年里，稻盛和夫因为出色的经营成果成为商界推崇的偶像，他所受到的拥戴恐怕在当今商业世界里无人能及。但稻盛和夫还有另一面，他出入于日本寺院，接受戒律，成为一名僧人，他善于把自己的经营思想引申为处世哲学。当你问他为何能获得如此成功的时候，老人家经常讳莫如深地回答你：敬天爱人。

○ 这基本上符合日本传统企业家给人的印象：不仅在技术层面给你启示，他们更愿意作为你的精神导师，引发你在"道"这个层面的反思。松下幸之助是一个世俗哲学家，他的思想核心通俗易懂——"下雨打伞""木桶理论"；索尼创始人盛田昭夫则倡导以"新"制胜，他认为创新才能让企业保持进取心，不会落于人后。耐人寻味的是，当越来越多的人畅谈互联网思维的时候可曾发现，他们所有的所谓新思维也不过是在固有框架内的新发展而已。

○ 与其他企业家不同的是，稻盛和夫的哲学理念更具普世性，而且充满东方色彩。最近，他提出了"燃"的精神。这个精神的核心是，如果想摆脱目前日本经济的颓唐境地，必须以燃烧的斗志去面临挑战，获得新生。

○ 这大抵上与日本一直倡导的武士精神相关联。满怀进取之心，忠诚于国家，以中国儒家的仁爱为价值支撑，这样的观点深入了日本人的骨髓。而日本商人其实是武士道精神最佳的继承者，甚至可以说，商人本身就是武士精神的创造者。

○ 在中国明朝时期，随着闭关锁国的实行，大批日本浪人成为海盗侵入中国东南海岸，而他们的背后有着商人的广泛支持，在某种程度上，浪人的掠夺也存在着商业目的。这与大航海时代欧洲人的远航有着相似之处。而商人与浪人的合作，必然促使了武士阶层在战国末期的崛起。

○ 经过漫长的演化和无数代商业精英的淬炼，日本的商业精神几乎就是武士与儒商思想的合集。这也构成了日本商业思想的迷人之处。

○ 稻盛和夫提倡的"燃"的思想正是这种思想的复兴和再生。他把对财富的追求提升到国家层面："日本的复兴需要燃的精神。"这区别于中国企业家对财富的单纯追求。马克斯·韦伯在《新教伦理与资本主义精神》中就曾论述——虔诚的新教资本家积累了大量财富并不是为了追求个人的享受，而是为了证明自己是上帝垂青的"选民"，只是在客观上推动了整个社会的进步。而日本明治维新时期的企业家教父涩泽荣一也曾经提出过：企业存在的目的不是为了盈利，而是为了回报社会。终其一生，涩泽荣一都没有创办过一家属于自己的公司，但他扶持的企业超过 5 000 家。

○ 稻盛和夫的思想一脉相承。作为一个"二战"后日本经济奇迹的缔造者、见证者和泡沫破灭的经历者，创造了京瓷集团和 KDDI 两家世界五百强企业，并在退出商界十三载后，以耄耋之年，重新出山，仅用一年时间就拯救了同样是世界五百

● 1959 年，京瓷成立之初，稻盛和夫在大门前。

● 1959 年稻盛和夫与京瓷员工，稻盛和夫是第一排左起第 6 位。

强的日本航空。他的自传和各种传记把稻盛和夫描述成一个灾难深重的人：进入一家没落的企业，经历泡沫经济的重创，遭遇癌症的打击……在这些似曾相识的励志意味的叙述背后，是稻盛和夫坚持不懈的努力，对现实的挑战——为了打破

●1976年稻盛和夫 ADR 股票在美国证券交易所上市发行。

电信业的垄断创办了 KDDI，为了人手一部手机创立了京瓷集团……而稻盛和夫的魅力和他的思想持久而影响深远，即使是新经济下的马云也把他当作崇敬的偶像，他的每一段经历都成为人们可资参考的故事，并且引申出商业哲学。

○ 稻盛和夫的"燃"似乎在指导日本经济走向复兴，他渴望年轻人能同他年轻的时代一样，怀抱远大理想，放弃对个人财富的迷恋，以燃烧的斗志实现国家的再次崛起。"京瓷就是这样一家企业，它

以洞穿岩石般的坚强意志，获得被认为不可能获得的订单，并克服一切困难，努力按照订单要求向客户交付产品，不断拓展新的客户，扩大业绩。"这是稻盛和夫在企业内部对燃烧的斗魂的阐释。而现在，他企图把这种思想扩展到全日本的企业界。

○ 稻盛和夫以为，燃烧的斗魂最核心的价值是"坚强的意志"与钻研创新，而这与"思考解决问题的具体方法是密不可分的。"坚强的意志"并不单是强悍、勇猛、坚韧不拔，也不仅仅是相信未来一定能成功，还要彻底地、仔细地思考打开困难局面的具体对策。

○ 稻盛和夫这样解释"燃烧的斗魂"——这里所谓的"燃性"，是指对事物的热情。自燃性的人是指，最先对事物开始采取行动，将其活力和能量分给周围人的人；可燃性的人是指，受到自燃性的人或其他已活跃起来的人的影响，能够活跃起来的人；不燃性的人是指，即使从周围受到影响，但也不为所动，反而打击周围人热情或意愿的人。

●稻盛和夫仅用一年时间就拯救了日本航空。

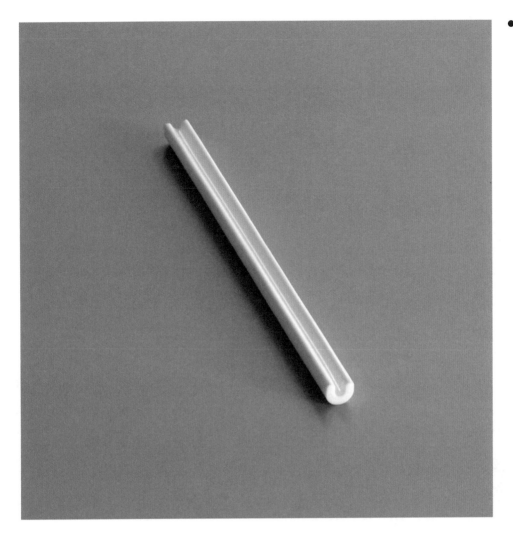

● 京瓷生产的首个产品：用于电视显像管的精密陶瓷绝缘部件"U 字形绝缘体"。

○ 也因此，稻盛和夫让日航复兴的根本意愿在于让企业的振兴唤起一个国家的兴盛，从精神层面点燃日本人。

○ 20 世纪 90 年代，日本学术界就把当时电子企业的崛起称为"燃烧的年代"。松下、索尼、夏普等企业的兴盛如火种一样点燃日本商业界，并影响到了全世界。伟大的盛田昭夫把索尼的办公室搬到了美国，艰难地开始了国际化之路。但当时间推进到 21 世纪之后，以索尼为代表的日本电子企业似乎燃烧殆尽，成为时间之灰。大规模亏损、业绩不佳缠绕着索尼公司，虽然 PS4 推出之后索尼利润有所增加，但困境依然存在。霍华德·斯金格是索尼前任 CEO，他的上一任领袖出井伸之希望通过一个美国人改变索尼公司里的日本烙印。但结果却是使这家公司丧失了燃的精神，以西方的绩效考核制度来规范员工业绩。而这种体制与日本企业水土不服，把索尼一度推向了死亡的边缘。

○ 坏企业要变成好企业，好企业要持续兴旺，有两个最基本的条件：一个就是"燃烧的斗魂"；另一个就是"斗魂"的根基，也就是人格、道德，或者说"一颗美好的利他之心"。如果将"斗魂"

稲盛和夫の経営問答

従業員を
やる気にさせる
7つのカギ

稲盛和夫—［著］

● 稻盛和夫的著作：《让员工充满干劲的7个关键》（従業員をやる気にさせる7つのカギ）。

比喻为发动机，那么驾驭这"斗魂"的人格、道德、利他之心就是方向盘。绩效管理、强调对股东的回报显然不符合稻盛和夫对斗魂的理解，也背离了日本企业取得成功的最初密码。

○ 索尼不是一个特例，除了稻盛和夫以外，被称为"经营四圣"的日本企业领袖已经相继离世，随着引领日本经济高歌猛进的一大批创业型经营者的相继过世，日本的大企业都由所谓的"职业经理"接手经营；中小企业大都也由第二代、第三代继承。其中许多人缺乏前辈创业者的"燃烧的斗魂"。同时，中、韩等国异军突起，很多日本企业相形见绌，甚至曾经叱咤风云、出现过松下先生和井深先生的松下和索尼也一落千丈，陷入了巨额赤字。

○ "日本在泡沫经济破灭后，变成了一个安稳的社会，没有大好也没有大坏，二十多年就这样过去了。可是无可无不可的想法是不行的。要成就大业就必须要有坚定的信念。"正是基于此，稻盛和夫才重新提倡燃烧的斗魂。

● 安装京瓷光伏组件的日本最大的
太阳能发电站——鹿儿岛七岛太
阳能发电站。

● 京瓷的陶瓷刀。

○ 时间流转，今天我们的英雄是马化腾、马云和乔布斯。他们谈论的是互联网思维、用户体验以及商业模式。而稻盛和夫早就对这一切有了精准的描述："物心一如。"将"燃烧的斗魂"和"美好的心灵"相结合，我们就会全身心投入工作，将自己的魂魄注入工作对象之中。稻盛年轻时曾经"抱着产品睡"；随时带着放大镜在现场观察产品有无伤痕，把产品当作自己的孩子精心呵护；"仔细倾听机械的哭泣声""将自己化身为机械、化身为产品"。达到"物心一如"的境界，由此制造出完美无缺的、"会划破手的"产品。而这样做的结果，就让京瓷的关键产品席卷了全世界的半导体市场，几十年来一直遥遥领先，让竞争对手望尘莫及。

○ 没有什么思维是固定不变的，只有稻盛和夫倡导的不仅涉及商业且与生命有关的哲学才会一直影响世界。

● 稻盛和夫的著作：《燃烧的斗魂》（燃える闘魂）。

田部井淳子：即使如此我也要登山

田 部 井 淳 子 ： そ れ で も わ た し は 山 に 登 る

刘子丹 / interview & text
田部井淳子 / photo courtesy

田部 井淳子

1939 年出生于日本福岛县三春町。1962 年加入登山运动协会，从此专注于登山运动。1969 年，她以"只有女性的海外远征"作为口号，成立女子登山俱乐部。1975 年，她成为世界上第一位成功登上世界最高峰——珠穆朗玛峰峰顶（8 848 米）的女性。1992 年，她又成为世界上第一位成功登顶七大陆最高峰的女性。现在，年过七旬的田部井淳子仍然每年多次去往国外进行登山活动，已完成六十多个国家的最高峰、最高点的登顶。登山以外的时间她还积极通过媒体进行撰稿、演讲等，向更多的人传达登山的乐趣。

08

○ 从 1975 年开始，田部井淳子便一直头顶"世界上第一位成功登顶珠穆朗玛峰的女性"这一光环走过来。"如果认为登上喜马拉雅山的女性像钢铁一般坚强健壮，那就大错特错了，"她在著书《即使如此我也要登山》（それでもわたしは山に登る）的前言中写道，"曾有三次觉得自己'不行了'，都是在登山过程中遇到雪崩时。"

○ 毫不夸张地说，每一次登山都是一场战役。为了登上珠穆朗玛峰的峰顶，田部井淳子做了许多准备：根据过去登山的数据与经验备好装备、氧气、粮食等；向有经验的人士讨教；在海拔较高的地方做饭并进行试吃。为了增强身体素质，她每天早上四点半起床做操、跑马拉松、打篮球，随后制订登山计划。1975 年，她作为珠穆朗玛峰日本女子登山队的副队长兼攀登队长，与 15 名同伴共同登上了世界最高峰。

○ 登山过程中可能遇到的危险是常人无法想象的，每一次田部井淳子都凭着自己的智慧与丰富的经验幸运地逃脱了危机，保住了性命。2007 年夏天，她被确诊患乳腺癌，随后立即进行了手术，十天后，她又踏上了登山的征程。然而 2012 年，她又被医生告知："癌细胞已扩散到整个腹部，属腹膜癌晚期，只能活三个月。"这次，她不得不停止自己热爱的登山活动，取消近三个月的登山计划，安心住院接受治疗。

○ 打抗癌剂点滴，手术，再打抗癌剂点

滴……随着抗癌治疗进行的深入，药物起作用的同时，也慢慢出现了副作用。对于田部井淳子来说，最大的难题是强烈的四肢麻木，甚至连爬楼梯都极为费劲。尽管如此，她仍然一有空就去往山里，持续进行行走锻炼。抗癌治疗最终取得成功。2013 年 7 月 23 日恰逢手术成功一周年，田部井淳子作为"带领受灾的东北高中生前往日本第一的富士山"这一项目的总队长，与一百六十名高中生一同登上了富士山山顶。

○"登山的女性也会与疾病扯上关系。但是，即使患病，也要尽力地行走、登山、歌唱、微笑。"这是田部井淳子展现给我们的人生态度。在持续的登山活动中，她不断发现新的挑战并战胜它。对于她来说，没有比登山更能让她雀跃的事情了。采访结束后的第二天，她又将动身去往国外征服新的高峰。今年 75 岁的田部井淳子，她的山峰征服之旅仍在继续。

● 1975 年 5 月 16 日登上珠穆朗玛峰峰顶的田部井淳子。

田部井淳子的海外登山征程

- - - - - - - - - - - - -

1970　安纳普尔纳 III 峰（尼泊尔）⇒ 7 555 米⇒世界上首次登上该峰的女性，也是首次登上该峰的日本人。
　　　德马万德峰（伊朗）⇒ 5 671 米⇒伊朗最高峰。

1975　珠穆朗玛峰（尼泊尔）⇒ 8 848 米⇒世界最高峰。首次登上该峰的女性。

1979　勃朗峰（法国）⇒ 4 810.45 米⇒西欧地区最高峰。

1981　乞力马扎罗山（坦桑尼亚）⇒ 5 895 米⇒非洲大陆最高峰。
　　　希夏邦马峰（中国）⇒ 8 013 米⇒世界上首次登上该峰的女性，并且是首次登上该峰的日本人。

1985　伊斯梅尔·索莫尼峰（塔吉克斯坦）⇒ 7 495 米⇒塔吉克斯坦最高峰。

1986　基纳巴卢峰（马来西亚）⇒ 4 101 米⇒马来西亚最高峰。
　　　托木尔峰（中国）⇒ 7 439 米⇒到达 6 200 米处。

1987　阿空加瓜峰（阿根廷）⇒ 6 962 米⇒南美大陆最高峰。
　　　托克雅拉胡峰（秘鲁）⇒ 6 034 米
　　　波波卡特佩特尔火山（墨西哥）⇒ 5 452 米

1988　玉山（中国台湾）⇒ 3 952 米
　　　麦金利山（美国）⇒ 6 194 米⇒北美大陆最高峰。
　　　湿婆山（印度）⇒ 6 142 米

1989　钦博拉索山（厄瓜多尔）⇒ 6 310 米⇒厄瓜多尔最高峰。

1990　库克山（新西兰）⇒ 3 764 米⇒新西兰最高峰。
　　　罗萨峰（瑞士）⇒ 4 634 米⇒瑞士最高峰。

1991　文森山（南极）⇒ 4 897 米⇒南极大陆最高峰。
　　　图卜卡勒山（摩洛哥）⇒ 4 165 米⇒摩洛哥最高峰。

1992　泰山（中国）⇒ 1 545 米
　　　黄山（中国）⇒ 1 864 米
　　　查亚峰（印度尼西亚）⇒ 4 884 米⇒印尼、新几内亚、大洋洲以及马来群岛最高峰。
　　　厄尔布鲁士峰（西峰）（俄罗斯）⇒ 5 642 米⇒欧洲大陆最高峰。

1994　汗腾格里峰（哈萨克斯坦）⇒ 7 010 米⇒哈萨克斯坦最高峰。

1996　奇里波山（哥斯达黎加）⇒ 3820 米⇒哥斯达黎加最高峰。
　　　大姑娘山（中国）⇒ 5 355 米
　　　卓奥友峰（中国）⇒ 8 201 米

1998　加舒尔布鲁木 II 峰（巴基斯坦）⇒ 8 035 米⇒到达 7 800 米处。

1999　喀麦隆火山（喀麦隆）⇒ 4 070 米⇒喀麦隆和非洲西部沿海最高峰。

2001　慕士塔格山（中国）⇒ 7 546 米

2003　亚拉腊山（土耳其）⇒ 5 137 米⇒土耳其最高峰。

2005　奥霍斯 - 德尔萨拉多山（智利）⇒ 6 891 米⇒世界上最高的活火山，智利最高峰。

2006　马纳斯鲁峰（尼泊尔）⇒ 8 156 米⇒到达 7 000 米处。
　　　五指山（中国）⇒ 1 867 米

2007　峨眉山（中国）⇒ 3 099 米

2008　玻利瓦尔峰（委内瑞拉）⇒ 5 007 米⇒委内瑞拉最高峰。

2009　内布利纳峰（巴西）⇒ 2 994 米⇒巴西最高峰。

2013　楚格峰（德国）⇒ 2 962 米⇒德国最高峰。

● 日本三大樱花之一的 "三春泷樱"。

● 1991 年在南极大陆最高峰文森峰山顶 4 897 米处。

● 1992 年在大洋洲大陆最高峰查亚峰（印 度尼西亚）山顶 4 884 米处。

● 1992 年在欧洲大陆最高峰厄尔布鲁士峰 （西峰）山顶。

● 田部井淳子拍摄的珠穆朗玛峰与月亮。

● 田部井淳子拍摄的富士山。

● 田部井淳子在秘境不丹拍摄的蓝罂粟。

● 阿尔卑斯山脉。

● 阿尔卑斯山脉。

● 2013 年与丈夫和儿子在富士山山顶。

● 2008 年在玻利瓦尔峰的登山过程中。

● 2008 年在玻利瓦尔峰的登山过程中。

● 2013 年夏天在奥地利蒂罗尔。

● 2009 年夏天在电视台外景节目中纵走北
　阿尔卑斯山 23 天。

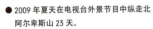

● 在玻利瓦尔峰与救援队的学生们。

interview　田部井淳子

"对'活着'这件事怀有感激之心"

知日 ○ 你开始登山的契机是什么？为什么要将登山作为自己的职业？

　　田部井淳子 □ 第一次登山是小学四年级（10岁）的时候，班主任老师带我们去的。那时的我看到从未见过的火山风景，非常激动，便喜欢上了登山。登山不是职业，而是我的爱好。

第一次登山，在那须朝日岳的山脚下。身后是班主任渡边俊太郎老师。（前排最右为田部井淳子）

○ 谈起登山，很多人会觉得这是一项非常危险、比较适合男性的运动。为什么你要在1969年设立一个"女子登山俱乐部"呢？

　　□ 男性和女性的身体构造不一样，体能也不同，所以男性在登山时会占优势。我觉得同样条件的人一起登山才是公平的，于是设立了这样的俱乐部。

○ 你是世界上第一位成功登上珠穆朗玛峰和七大陆最高峰的女性。在如此多的登山经历中，令你印象最深刻的是哪一次？

　　□ 对于我来说，每次去的地方、登上的山都留给我很深的印象，要选出"第一"是很难的。

○ 在登山过程中，经常会有水和食物的短缺、天气变化等突发状况，即使是一点小困难也可能危及生命。你是怎样克服这些难题的呢？

　　□ 在大自然的权威面前，人类是非常渺小的存在。所以在天气状况恶劣时，停下脚步，等待天晴是最重要的。不慌乱、不逞强，从容地制订好计划。

○ 每次登顶后，站在海拔几千米的山顶时，你有些什么感受？

　　□ 每次都深切地感受到："地球上还有许多我不知道的风景啊。"

○ 你的家人对你的登山活动是怎么看待的？他们不会担心吗？

　　□ 我与丈夫是通过登山认识的，两人有共同的兴趣爱好，他会理解我、协助我，并不会担心。

○ 你在《即使如此我也要登山》一书中谈到了自己与癌症的抗争。当被告知只能活三个月的时候，你的反应是什么？

　　□ 最开始医生对我说"非常严重，只能活三个月"的时候，我看着自己的身体，并不觉得情况有医生说的那么严重。并且，当时还觉得自己已经活过了70岁，真是太好了。强烈地感到想做的事情都做过了，尽力了。

○ 在癌症治疗过程中出现了副作用，非常痛苦，即

使这样你也没有放弃登山。你是靠着怎样的信念支撑下来的？

口 当时身体非常难受，一直躺卧导致肌肉力量衰弱，也觉得很无聊。那时觉得，果然还是在大自然中漫步、欣赏壮观的风景，心情才会愉快啊。一步一步行走时能感受到活着的自己，这才是最佳状态。这些感受支撑着我坚持下来。

O 你曾在过去的访谈中说过："富士山从八合目开始才有趣，人生亦如此。"能具体谈谈这个观点吗？

口 在 60 岁之前，我一直优先考虑孩子、丈夫与家庭。但现在丈夫已经退休，孩子们也都独立了，我可以优先考虑自己，自由支配时间和金钱。想做的事情也能随时实行，正是享受人生的时候。

● 在家制作料理。

O 在几十年的登山经历中，你学到的最宝贵的东西是什么？

口 对"活着"这件事怀有感激之心。

O 除了登山，你还有其他的爱好吗？

口 我很喜欢唱歌。举办音乐会是我年轻时从未想过的事情。而 60 岁之后这件事变成现实，连我自己都吃了一惊。

O 我们的读者中可能有不少登山爱好者，可否给他们一些建议？

口 在大自然中行走，对我们的身体和精神都是非常有益的，我希望大家尽可能多去外面走走。但是大自然也有恐怖的一面，不能激怒它。登山时应该有缜密的计划，不要逞强，不要执着于登顶。我希望大家能够享受登山的过程。登山活动不是难熬的，而是快乐的事情。

● 2009 年在音乐会上演唱。

09

草间弥生：在无限的网中战斗

草間弥生：無限の網の中で戦う

潘力 / text 上海当代艺术馆、草间弥生事务所 / photo courtesy

□ 早在 20 世纪 60 年代，草间弥生的名声就已经超过了美国波普艺术大师安迪·沃霍尔（Andy Warhol，1928 ～ 1987）。在时隔半个多世纪的今天，她的作品几乎每天都出现在世界上的不同国度，那些依然记得草间弥生当年作为纽约前卫艺术先锋的人们，将她重返国际舞台视为一个神话般的奇迹。

□ 草间弥生曾回忆："当时我在纽约从事的活动有电影、时装发布会、报纸发行等，处于前卫的位置，为了超越时代潮流，经历了很多奋斗。许多人从我的艺术中受到启发，得到新的想法，这是事实。我要开拓新的时代，始终保持创造性的姿态。"

幻觉，满世界的圆点

○ 在草间弥生天才的创造后面，经历的是苦难的童年。她出生在一个经营种子生意的富裕家庭，父亲是上门女婿，生性放荡，经常在外面拈花惹草，母亲个性强悍，近乎歇斯底里。两人不断爆发激烈的争吵，家无宁日。每当父亲离家出走，母亲就让年幼的草间弥生去寻找，自然是无功而返，结果招致母亲的暴怒。

○ 生活在这样近乎精神分裂的家庭里，草间弥生自幼就心智扭曲，形成了孤独的性格。她在 10 岁前后患上综合性视听失调症，开始被大量幻觉所困扰。幻听、幻视的恐怖不时袭击着她的精神世界，她甚至企图自杀。

○ 草间弥生将自己形容为"特异儿童和不良少女"，她对自己的精神状态有这样一段描述："从懂事起，在我的视觉里和心壁上，就被自然界、宇宙、人类的血、花，以及各种各样不可思议的恐怖和神秘的事物留下了强烈的烙印，我生命的全部都被虏去了，再也无法逃避。"

KUSAMA YAYOI in Toyko photo by Eric Alessi

○ 为了躲避这个无时无刻不笼罩着她的巨大魔网，草间弥生开始用重复的圆点和网格描绘她的幻视和幻听。她将这些圆点理解为细胞和分子，属于生命的最基本元素，是来自宇宙和自然的信号。这些圆点具有改变固有形式感的魔力，使不同事物之间产生奇妙的连续性，营造出一种无限延伸的空间，让人无法确定真实与幻境之间的边界。1945 年，16 岁的草间弥生的画作入选了在家乡举办的"第一届全信州美术展览会"。

○ 当时母亲坚决反对草间弥生学画画，固执的她希望女儿将来成为一名商人而不是艺术家。她发疯般地踢翻她的调色盘，毁掉她的画布，甚至打她耳光，罚她和工人一起干活，还经常把她关起来。恐惧感和叛逆情绪让草间弥生迸发出更强大的绘画激情，她发誓决不放弃自己喜爱的艺术，继续以绘画来表现自己所体验到的孤独世界的幻觉。

○ 母亲见草间弥生不思悔改，就想让她早日出嫁，以断了她成为画家的念想。姐姐也不断拿来各种富家子弟的照片让她挑选，乡里人也前来说合。但草间弥生丝毫不为所动，一门心思地做着自己的画家梦。

○ 草间弥生没有接受过系统的美术教育，唯一的学院经历是 1948 年到京都市立美术工艺学校（现京都市立铜驼美术工艺高等学校）学习日本画，但是她对保守陈旧的教学课程毫无兴趣，也对日本画界复杂的人际关系十分厌倦。她一如既往地画着自己心目中的精神图画，并开始萌生出国的念头。

○ 也是在这个时期，草间弥生开始画了大量后来成为她作品符号之一的南瓜。她后来说："南瓜是人类生存的粮食，在战争年代，由于食品不足，我吃过很多南瓜。当时我家里就种了许多南瓜。我看到这些南瓜有一种亲近感，就用南瓜画了许多作品。"

○ 1952 年，草间弥生在家乡的公民会馆举办了两次画展，这是她人生道路上的重要转机。她的才气获得精神病医学专家西丸四方博士的欣赏，他将草间弥生的病症诊断为"（综合失调症与躁郁导致感情障碍的）非典型精神病"，还把她介绍给关东精神神经医学学会，并将研究凡·高艺术的著名精神科医生式场隆三郎介绍给草间弥生。众所周知，凡·高也患有精神疾病，但绘画成就举世闻名。草间弥生还得到日本概念艺术家松泽宥的资助，诗人、评论家泷口修造也为她的展览图录撰写专稿。通过这两次活动，草间弥生的艺术获得了诸多名家的理解，他们成为了草间艺术之路上最重要的支持者。

○ 除了追求更高艺术境界的理想之外，促使草间弥生远走美国的另一个因素就是来自美国著名艺术家乔治亚·欧姬芙（Georgia Totto O'Keeffe, 1887~1986）的鼓励。在战后不久的一天，一心想去美国的她在家乡的旧书店里偶然看见一本乔治亚·欧姬芙的画册，马上被深深吸引住了。为了给自己在陌生的异国找一个"熟人"，草间弥生异想天开地给欧姬芙写了一封信，并附上了几幅自己的水彩画。她为此还专程花六个多小时从家乡来到东京的美国大使馆查询欧姬芙的地址。

○ 当时，欧姬芙是名震全球的 20 世纪艺术大师。"绝对不会有回信的。"草间弥生当时这么想。但出乎意料的是，欧姬芙居然回信了，她们后来还有多次书信往返，这给年轻的草间弥生以莫大的鼓舞。"与乔治亚·欧姬芙画册的相遇，成为连接我和美国的契机。"她在回忆录中这样写道。

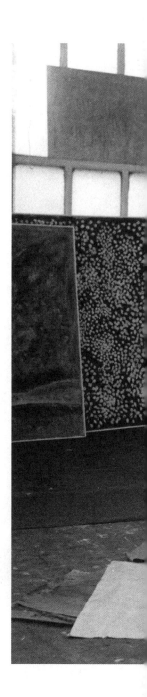

在纽约的工作室　1959 年左右 ©YAYOI KUSAMA

纽约，这个人间地狱

○1957年11月18日，草间弥生登上了飞往美国的航班。初到纽约的她租住在一个日本侨民家里，每月租金20美元，局促的小房间，没有浴室，连吃饭都成问题。即使这样她还是每天从早到晚奋力作画，天不亮就起床，除了三餐和上厕所之外，没有停顿的时候，整天沉浸在"无限之网"的画面里。看着她没完没了地画这些漫无边际的网，她的朋友开始感到担心，眨着蓝眼睛困惑地问她："你怎么每天都在画这些东西？你没事吧？"

○当时正逢美国经济萧条，越南战争更使时局雪上加霜。物价飞涨，没有收入的草间弥生从日本带去的美元很快就所剩无几，用她自己的话说，就是陷入"极端贫困"的境地，而从食物到画材，从签证到医疗，一切都需要钱。有时她连乘巴士的15美分都没有，买不起面包，连续两三天饿肚子，精神濒临崩溃的边缘。但即使这样，草间弥生在睡梦中还是看见自己在画画。

○冬天到了，窗户玻璃破了也没法修补，草间弥生用从马路上捡来的废弃的门板当床板，毯子也只有一条。由于画室在写字楼里，晚上6点之后停暖气，彻骨的寒冷使她怎么也睡不着，只好起来画画。在这样饥寒交迫的日子里，草间弥生一刻也没有停下手中的画笔，一刻也没有放弃自己的艺术梦想。有一次她到惠特尼美术馆参加展览，由于没钱雇卡车搬运，她只能自己背着十多幅画作步行前往，路上遇到大风，瘦小的她几乎和画框一起飘起来。

○最极端的一次，草间弥生连续三天三夜不吃不睡，忘我地沉浸在她的"网"中，结果导致心跳过速，被急救车送到医院。医生检查之后对她说："你的病我们这里治不了，要到精神病医院去。"草间弥生回忆道："在纽约这个人间地狱，每个人从精神到生活都像打仗一样。我当时在这个战场上不是生就是死，必须每天战斗般地全身心地投入创作。"

○正如草间弥生后来写的那样："当我登上纽约的世界最高楼朝下看时，深深体会到在这里一切都是可能的，是通往成功世界的门户。虽然我现在两手空空，但总有一天，我要在纽约拥有我所希望的一切。对此，我有着极为强烈的热望。浑身的血液为艺术革命的意志而沸腾，完全忘记了饥肠辘辘。"

○1959年10月，她在纽约的布拉塔画廊举办了第一次个展，展出五幅几乎与墙面等大的作品，每幅作品都是在黑底上用白色画满网状的图案，视觉效果极其奇妙。极少主义雕塑家唐纳德·贾德（Donald Judd, 1928~1994）大为赞赏，撰文指出："草间弥生的表现，超越了东方式的或是美国式的局限。在这两者之间，虽然可以肯定地说她受到了纽曼（Barnett Newman, 1905~1970）等人的影响，但绝不是拼凑出来的，她有着彻底的个性。"个展取得了出乎意料的成功，草间弥生在历经无数的苦难之后，终于一跃跻身国际现代艺术的最前沿。

○ 1962 年, 草间弥生在纽约绿画廊举办展览, 展出她最初的立体作品。她以布和填充物为材料制作的类似男性生殖器的突起物, 密集地覆盖着椅子、沙发、梳妆台等, 草间弥生将这类作品称为"软雕塑", 这是她自幼以来全部灵感的终极发展。同年 9 月, 在一个波普艺术展上, 草间弥生的软雕塑和沃霍尔、罗森奎斯特 (James Rosenquist, 1933~)、西格尔 (George Segal, 1934~) 等人的作品一起展出。

○ 那次展览之后不久, 安迪 · 沃霍尔就打来电话, 问能不能借用草间弥生裸体俯卧在布满突起物的沙发上的图片来制作丝网版画, 结果被草间弥生婉言拒绝。众所周知, 布满重复图像的画面是美国波普艺术的主要标志, 而这个创意就是来自草间弥生的作品。

○ 另一位波普艺术的著名雕塑家奥登伯格 (Claes Oldenburg, 1929~) 也承认, 他当年就借用了草间弥生的"软雕塑"的手法。当时他住在草间弥生楼上, 看到她在用缝纫机制作软雕塑。恰逢草间弥生身体不适, 耽搁了一段时间, 奥登伯格因此赶在她的前面举办了个展《软雕塑》。

○ 草间弥生在纽约期间所表现出来的独到眼光和前卫意识, 显示出她对自己艺术的深刻理解和自信, 绝不是一个疯人的肆意所为。她不仅与贾德、纽曼等人保持着友好关系, 而且深深融入纽约的现代艺术运动。在纽约文化的影响下, 草间弥生的潜在艺术能量如井喷般地爆发。她的杰出之处在于将十分个人化的表现形式和时代趋势结合起来, 并以此不断开拓自己的艺术新形式。

○ 1967 年之后, 草间弥生的活动不仅限于艺术的目的, 在时代背景的影响下, 她还投身到反对越南战争的和平运动中。从绘画到软雕塑, 再到装置、影像、行为, 草间弥生在纽约几乎尝试了她所能做到的所有艺术形式, 给纽约现代艺术界留下了强烈印象, 影响深远。有评论家指出: "草间弥生是预告后现代艺术到来的艺术家之一。"不难想象, 如果草间弥生当时离开纽约回国, 那么西方现代艺术史将要改写。

○ 在反对越战的高潮期, 草间弥生不断呼吁"反对战争, 构筑和平的时代"。她在距离纽约两个小时车程的艺术家村伍德斯托克登记成立了一所名为"草间企业"的艺术机构, 这里聚集着一群天真的理想主义者, 是在战争与暴力的漫天烽火中, 建立的一个"爱与和平"的艺术乌托邦。"草间企业"经营的艺术项目有"先锋服装""草间自我消灭的电影""镜面反射的无限空间中的裸体偶发艺术""16 毫米彩色电影"。她花 100 美元雇年轻的摄影师拍摄, 以每小时 5 美元的酬劳募集数位裸体模特, 这些作品传达出草间弥生关注时代的艺术思想。

○当时的美国社会风气还相对保守，法律明文禁止在公众场合的裸体行为。在越南战争爆发之际，社会上还没有做出激烈反应，草间弥生就首当其冲，以超前的裸体行为艺术表达反战的诉求，开启了20世纪60年代美国前卫艺术的先河。

○1968年7月的一天，草间弥生组织了两男两女4位美国人，在纽约证券交易所对面的国税局门前进行了裸体行为艺术展示。全裸的身体上布满了她标志性的圆点，表现"自我消灭、回归宇宙"的观念。1968年，同样的行为艺术也在纽约的布鲁克林大桥上演，表现的是反对"越战"的主题——人体炸裂。由于草间弥生的过激行为，导致每次她的活动总有几位警察在场。她出于自身考虑，雇了五六位律师，以保护自己的权益。

○1968年前后，是草间弥生在纽约艺术活动的高潮期，她注册成立了多家艺术机构，主要有四方面的内容：

● 其一是偶发艺术和音乐活动的策划和实施，为此成立了"草间企业"（Kusama Enterprise）、草间圆点教堂（Kusama Polka Dot Church）和草间音乐制作公司（Kusama Musical Production）。

● 其二是服装设计，为此她成立了"草间服装公司"（Kusama Fashion Co., Ltd.）。投资5万美元，设计并大量生产"草间织品"和连衣裙，不仅在纽约一流的布鲁明戴尔百货店（Bloomingdale）设置了"草间专场"，还在全美国四百余家商场和连锁店销售。所有设计都是以圆点图案为蓝本，

每件售价从15美元到2 000美元不等，顾客中不乏上流社会的贵妇人。

● 其三是电影事业，她成立了从事偶发艺术影片销售的"草间国际电影公司"（Kusama International Film Co., Ltd.），还作为导演拍摄了影片《花》（Flower）和《同性恋者》（Homosexuality），在全美各地乃至世界各地的美术馆上映。

● 此外，草间弥生甚至还经营了一家模特公司Body Print工作室（Body Print Studio Co., Ltd.）。

○美国艺术家约瑟夫·柯内尔（Joseph Cornell, 1903~1972）的出现，也书写了草间弥生的人生经历中一段浪漫篇章。自20世纪60年代在纽约相识之后，两人共同生活了十余年。1972年，柯内尔因病去世，这给草间弥生造成沉重的精神打击，她因此于1973年返回东京。在参加了几次展览之后，便于1977年独自一人住进东京新宿的精神疗养院，远离艺术家、评论家和媒体，开始执笔写小说，陆续出版了含自传在内的十几本书。

○20世纪80年代之后，草间弥生又逐渐回到公众视野。她作为旅外艺术家被编入日本战后美术史，作品陆续出现在1981～1983年日本战后美术大型回顾展上。她真正被重新发现是在20世纪90年代，年轻一代审美趣味的转变也使草间弥生的艺术再度走红，她早年在纽约的艺术经历也成为无可取代的标签。时至今日，85岁的草间弥生只要身体状况许可，依然每天埋头作画，她在画中描绘着人类的尊严与幸福，对抗着战争与不幸。

南瓜 Pumpkin 2013 photo by Eric Alessi

"战斗家"安藤忠雄
「ファイター」安藤忠雄

陈晗 / text　知日资料室 / photo courtesy

要追求人生的「光」，先凝视眼前的「影」。

安藤忠雄

自学建筑 & 向大师学习

※本文所用安藤忠雄语录，均引自《建筑家安藤忠雄》（安藤忠雄著，新潮社，2008 年）。

○安藤忠雄的人生经历中没有卓越的教育背景，只有与生俱来的即使面对严酷现实，也绝不放弃，坚持到底的韧性。

○他从小被父母送至外公外婆家抚养，住在日本典型的老街长屋中，由于结构问题，住宅冬冷夏热。"我一直想改善这种居住环境，抱着这个念头长期累积的不满与愤怒，终成为我决心从事建筑的动力之一。"安藤说。

○17 岁开始打拳击，一个月就拿到职业拳击手执照。拳击手安藤，有时甚至会靠绝食来锤炼肉体与精神。即便如此，他还是发现自己并不适合打拳。经常流连于木工厂的他，意识到自己对制作东西的热情。高中毕业后，他开始从事与室内设计相关的工作。没进大学读建筑系主要还是因为两点：1. 家庭经济状况不允许；2. 从小不爱念书，学历程度不够。

○边打工边自学建筑设计，最痛苦的莫过于身边没有一个能指点迷津的人，一切都要自己苦苦摸索。为了自学，他想尽办法：潜入大学旁听建筑系课程；收购建筑系大学课程的全部教科书，一年内读完；上建筑设计的函授课程、夜校；在书店站着读买不起的书，并在那里邂逅了建筑大师勒·柯布西耶的作品集，因为害怕被人买走，每次去都将它藏得更深，终有一天自己攒够钱买了回来。他无数次地临摹描绘柯布西耶的图纸，直至刻入脑海。在进一步阅读柯布西耶的著作后，得知他也是自学出身，对抗体制，靠不懈努力开创出一条全新的道路。这对于在黑暗中摸索前进的安藤来说，像突然射进来的一道光。

○柯布西耶的作品给他的震撼与诱惑，令其对建筑尤其是西欧建筑产生了强烈的好奇，这股好奇心终于驱使他从1965年开始展开了一次又一次"世界建筑巡礼"（他自己称作世界流浪之旅）——22岁日本环岛，24岁环游欧洲，28岁成立事务所之后，仍是一有时间就去世界各地旅行。旅行带给他的灵感与思考，是不可替代的。

对抗都市，回归自然——"都市"="敌人"？

○60年代末，安藤忠雄在大阪梅田开了间小小的事务所。关于建筑该以什么面貌面对都市，建筑能对都市起到什么影响等这些问题，安藤忠雄选择以打游击的方式让建筑涉入都市。

○他将自己的事务所称作"游击队"，在都市中游走作战，用自己的建筑发表主张，与不合理的社会无声对抗。

○他把建筑当武器，在自己的许多作品中强调将自然引入建筑和将建筑融入自然的重要性。这是他对现代都市的质疑，对现代社会中的市场原理及理性主义的反抗，这一股"战斗"的意志，是他所有建筑的原点。

○打破传统的"住吉的长屋"，引起众多争议和批判。即便如此，安藤仍坚持他的理念，"与自然融为一体的生活才是住宅的本质"，"住吉的长屋"的全无窗口的清水混凝土外壁，正是想表现一种与飞速发展和扩张的都市相对抗的强烈意志。

○在他事业的转折点"小筱家宅"中，再次打破住宅设计传统中的"坐北朝南"，为了活用基地上原有的树木，最终采用了西南方朝向。这也是他在建筑设计的同时向自然表达敬意。

对"住宅"&混凝土的坚持

○80年代中期，随着泡沫经济开始起飞，大家逐渐富裕，安藤忠雄的事务所的生意越来越好，然而，他却开始感到与这个时代格格不入。经济条件优渥的客户并不重视安藤所在意的"生活方式"，而仅仅追求他独特的建筑形式而已。这种理念上的差异，令他害怕，害怕自己为了迎合客户而迷失自己，"在感到与社会格格不入的矛盾中，牢牢站稳不被淹没，继续盖房子"，他说。保持住自己的步伐的方法之一，就是持续建造"个人住宅"。

○90年代开始，安藤忠雄的事务所接的公共建设案多了起来，这时再接个人住宅建设案已经会影响到整个事务所的运营。但他还是每年都会接一两个个人住宅案，原因之一是个人住宅案最能让人领悟建筑的本质，之二是个人住宅案最具挑战性，如何在严峻环境和有限条件下建造理想中的房屋，这是他最初的也是永不熄灭的热情。因可接数量有限，挑选标准就变得严格，客户能否与他的理念相通并能一起迎接挑战，是最关键的一点。

○安藤忠雄说过："无论如何，我人生最后的工作，必须是盖住宅。这是我最强烈的坚持。"

○说起清水混凝土，简直就是安藤忠雄的符号之一。安藤忠雄认为，与其用特殊材料、特殊工法来标榜特色，不如用平常不过的材料和方式做出无法取代的作品，这才是对自身创造力极限的挑战。

○于是，他锁定建筑材料中最平凡无奇的混凝土，通过对几何造型结构的坚持，最终形成了他独特的清水混凝土风格。当然除了造型之外，他的"清水混凝土"本身也诠释着他所追求的极致精神。

○混凝土灌浆的成败，决定着建筑物最终的表情。因为混凝土本身质感粗犷，必须做出平滑柔和的质感，才能超出混凝土本身的粗犷，与日本民族的感性相呼应。而灌浆的成败，决定于工人们是否用心。因此每到灌浆的那天，安藤都会亲自到现场与工人一起灌浆，手拿竹棒，对做事马虎的人毫不留情地指责甚至动手，力保每个人都全心全意做到最好。

○不过，安藤对仅仅停留在现已形成的风格上并不满足。他仍希望能在研究崭新工法的同时，再次超越极限，开辟出下一个全新的清水混凝土风格。

梦想与现实的摩擦碰撞

○安藤忠雄说，无论是过去还是现在的建筑界，始终都是学院派主义的人在主导。像他这种自学出身，没受过大学教育的，也没有任何家庭背景的人，在建筑圈子出人头地的可能性微乎其微。然而他确实获得了"建筑界诺贝尔奖"普利兹克奖的认可，成为国际上首屈一指的建筑大师。

○谈到他的成功，他认为主要归结于身为大阪人的反骨精神。工作不会自己找上门，想活下去就要自己创造工作。走在街上看到一些空地时，安藤忠雄就会停下开始想象可以在这里盖什么样的建筑，然后掏出纸笔打起草稿，画好后就直接拿给根本没委托过他的土地所有人看。虽然有些土地所有人觉得他是神经病，但确实有一些人，会在之后某一天突然请他来做设计。事务所最初的许多工作，都是靠他的"鲁莽"争取而来的。一度被称作"关西奇人"的他说过，"我们是建筑游击队……需要教育业主"，抱着这

种强势理念的他，还真的遇到了一个又一个任他放手一搏的勇敢业主，即便有一些业主起初的想法与其相左，最终也都被他的执着与信念所打动。

○创意无穷的安藤忠雄，脑子里无时无刻不在迸发超越以往的新点子。可利益至上的现实社会真的能容许他将自己的大胆构思都付诸实践吗？即便他现在是位于建筑界顶点的大师级人物，当年他却是从一个没受过专业教育的自学爱好者一步步走过来的。除了他与生俱来的"不达目的不罢休"的顽强意志，令他实现创想的重要因素还有一点，就是有幸获得"同道中人"的支持。至于这个"道"，便是对梦想的坚持。

○与安藤交情深厚的当时三得利的社长佐治敬三，是安藤最大的支持者，他曾送给安藤一篇文章，Samuel Ullman 的《Youth》。

○"Youth is not a time of life, it is a state of mind."（青春不是人生的一段时光，青春是一种心境。）

○随着安保运动的开始，日本的60年代曾出现过一批与当下主流抗衡、追求独特自我的前卫思想热潮。那时在东京街头以"红帐篷"为标志，进行游击队式前卫表演的唐十郎的"状况剧场"，曾用他们充满力量的演出，表达对现实的批判，对物质主义的讽刺，对自由与创新的渴求。特别是"新宿西口公园事件"中，"红帐篷"被200名防暴警察包围，在"红帐篷"里面，表演仍然继续。

○安藤忠雄亲眼目睹了那一时代发生的那些令人震撼的事件，从唐十郎等挑战时代、勇敢逐梦的前卫艺术家们身上，他看到了自己此生该走的路。而安藤忠雄与唐十郎真正发生交集，是在1985年安藤忠雄为唐十郎打造流动剧场"下町唐座"时。能亲自为意气相投的艺术家建造剧场，他热情满腔，瞬时浮现出无数方案，结果都因政府、法规、预算等现实因素被驳回。跨越重重障碍，终在隅田川河畔建成了灵感源自日本战国时代"乌城"的"下町唐座"。唐十郎的剧团在这里演出的第一场剧目，是"流浪的杰尼"，无与伦比的演出驱散了四月的寒冷，观众热血沸腾，最后一幕落下时，掌声雷动，唐十郎径直从舞台跑向观众席上的安藤忠雄。

○"那是我与一同跨越重重障碍，实现梦想的朋友之间，难以忘怀的感动瞬间。"安藤忠雄说。

○如果说"下町唐座"是个被实现的梦，也是个短暂的梦。虽初衷是打造成"流动剧场"，但将"下町唐座"整体拆解并移动至另一个城市重组，耗时耗力更耗财，在当时利益至上的日本，并无支持这种挑战性文化事业的风气。隔年，"下町唐座"解体。

○闻名世界的"光之教堂"其实也是在预算极低的情况下诞生的。预算不足就无法做出杰出的设计？安藤忠雄显然不这么认为。"光之教堂"采用成本较低的极简箱型造型，内部仅设置圣坛和朴素的木制长椅，而神来之笔便是祭坛前方墙壁上的透光的十字形窗。巨大十字光辉直射进教堂内部，简朴的陈设及简洁的造型，反倒烘托出整个空间的庄严与神圣。正如安藤所说："人的'信念'有超越经济的力量。"

○利用自然的恩赐，突破物质的限制；依靠不屈的意志，变不可能为可能——这就是安藤忠雄，"享受苦难与黑暗"的"战斗家"。他从不畏惧失败，因为对他来说，"一个人真正的幸福并不是待在光明之中。从远处凝望光明，朝它奋力奔去，就在拼命忘我的时间里，才有人生真正的充实"。

北野武：在暴风雨中安睡的男人

北野武：嵐の中に眠る男

陈晗 / text　知日资料室 / photo courtesy

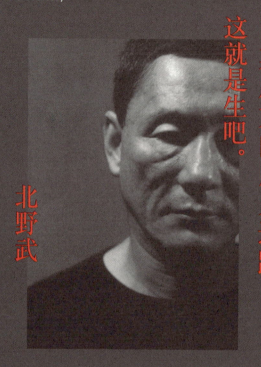

北野武

死才是绝对的存在。以死为基准，向其反方向用力逃跑，这就是生吧。

多重生命的互搏

○ "漫才"（相声）演员、搞笑艺人、节目主持人、导演、编剧、电影演员、画家、作家、"Beat Takeshi"……北野武。

○ 若想搜集北野武的标签，一时半会儿搜不完。

○ 北野武曾说过，人的脑袋里有个类似节电模式的东西，一旦你对一件事习以为常了，脑子就会放松起来。画画也是，也许第一次画的画显得生疏稚拙，但同一张画画上无数次，虽然技法娴熟了，可画本身却开始无趣，不令人感动了。

○ 他不喜欢停步不前与无谓地重复。挑战完全不同的领域对他来说有致命的吸引力。在每个领域，都必须呈现截然不同的自己。如同他身为演员时使用"Beat

Takeshi"的艺名，做导演时却用本名北野武。这不单是两个名字的区别。他的体内住着多个角色，这些角色对他来说是一个个玩偶，今天想玩哪个，就把哪个拿出来玩玩。他会自我娱乐、自我嘲讽、自我批判、自我警告，就像一个人的两种甚至多种意志在其身体内部互搏。

○ 而这样的互搏，是源于他所坚信的"悖论"——艺术与现实的"悖论"。正如他在《阿基里斯与龟》（アキレスと亀）那部电影中所呈现的略带讽刺的故事一样，疯狂的艺术理想与残酷的现实人生的相悖。无论电影还是电视都呈现出一丝黑社会气质的北野武，确实有过不少不羁言论，比如："人生说白了就是钱和女人啊。

就这么坦然地面对自己的欲望不好吗?"在他进入相声界初期,对钱的追求更是其不懈奋斗的原动力,本就有搞笑天赋的他,很快便大红大紫,成为当时日本漫才界的领军人物,月薪高达 1 500 万日元。"钱"和"女人"对他来说早已不成问题,这时的他开始关注起一直潜藏在内心深处的追求——"真正的艺术"。

○ 1989 年,因机缘巧合,他自导自演了处女作《凶暴的男人》(その男、凶暴につき)。这之后又陆续推出数部作品。这些作品中共通的"暴力美学",及他对"蓝调"的偏好,令其电影风格独树一帜,在国际上获得好评,在欧洲颇具人气。然而从不满足于现状的北野武,也不甘心自己的电影被贴上固定的标签,当《花火》(HANA-BI) 在威尼斯电影节获奖之后,他决心创作一部颠覆以往的作品,于是,就有了《菊次郎的夏天》(菊次郎の夏)。

○ 其实影片卖座与否对他而言不是那么重要,一下子非常卖座反会令他惶恐。不在原地踏步,不被贴单一标签,永远尝试新事物、挑战新风格,在自己的"多重生命"里周旋与游戏,这才是他活下去的动力。

反方向逃亡

○ "死才是绝对的存在。以死为基准,向其反方向用力逃跑,这就是生吧。"

○ 1994 年的一天,不戴安全帽深夜在公路上骑着机车狂飙的北野武,出了严重的车祸。从医院醒过来时,他自称记不清自己为何会不要命地飙车,隐隐感到是有意为之。他平日不敢坐火车,因怕自己一时冲动会跳下站台。死亡的念头,像一块磁铁,会时不时地将他一下子吸过去。

○ 北野武曾称自己负面想法层出不穷:"对待幸福我真的不知该如何是好。对待不幸你倒可以做好应对准备。而且每当自己预感的坏事成真时,还会觉得得意,'嘿,又被我说中了吧'。"

○ 他不相信轻而易举的幸福,对到手的幸福也始终持怀疑态度。讲相声讲出了名气,换作别人偷笑还来不及,他却开始担忧那些被他取代的相声演员该怎么办。电视节目人气极高,电影也在国际上屡屡获奖,生活和事业一帆风顺的他,却把这些顺利看成是一种无趣地走向死亡的标志。

他说死是每个人必定的结局,电影不过就是在讲述一个人活着时做了什么然后如何死去。所以他的电影里才会有那么多的死亡。对于死亡的宿命感,也使他对"活着"这件事,有着异于常人的理解——"人活着,不过是在学习和摸索自己终有一天面对死亡的方式。"

○ 从那次车祸死里逃生之后,他的生死观发生了重大转变。如果说车祸之前,他还将"生命"当成随时可以结束、"决定权在自己"的一件玩物,车祸后,他意识到要为了妻儿、为了关心他的人,爱惜自己的生命。

○ 从此,他开始远离那些危险的念头,比如不坐火车,不亲自开车,又比如片刻不停地挑战新事物,因为止步不前或沉浸于单一事情里会让他觉得与死无异。虽然时常被负能量侵袭,但他努力找寻各种方法,让自己"活下去",从"死"的巨大引力中,反方向逃亡。

不动声色的"海"

○ 无论是《奏鸣曲》（ソナチネ）里的黑社会村川，还是《花火》里的警察西佳敬，又或是《阿基里斯与龟》里的艺术家真知寿，在北野武的电影里，他塑造的几乎每一个角色，都面无表情。

○ 北野武除了在做搞笑艺人时言语神情丰富一些，其他时间都可说是个沉默的人。在他的电影作品中，主要的角色也往往寡言少语，不动声色。然而无表情，并不能说明他们的内心没有波澜起伏，反倒有可能比情绪外露的人更加强烈。

○ 北野武喜欢拍摄海。北野武本人也像海，而且一定是夜里的海。

○ 他的体内所积蓄的暗潮力量之大，连他自己都害怕。坐火车会想跳下站台，酒后飙车出车祸，都令他意识到那股暗潮的恐怖。他只有将这些情绪，尽量宣泄于电影之中。这也是他的电影风格与平素在电视上的表演风格截然不同的原因，因为一个是海面，一个是海底。

○ 北野武对情绪的压抑，并非与生俱来，而是深受儿时母亲对其教育的影响。每当吃到好吃的东西，看到好玩的事物，"真好吃！""真好玩！"这类的感叹脱口而出时，母亲就会狠狠地责备他："不准再有这么没教养的举止！"简单地说就是，不准他肆意表露情感。他就在这样的告诫中成长起来，渐渐地把克制感情当成理所当然的事。

○ 只要还活着，就要冷静对待眼前的事情。热爱数学的他，认为世界上所有的事都可以通过计算得出结果。对待每一项工作，他都会周密计划，冷静分析。即使是在讲相声或者打群架这些情绪理应亢奋的时刻，他体内也总有一个角色在不动声色地旁观，分析，计划下一句话该说什么、下一拳该打哪里。

○ 北野武电影中的"无表情"，除了冷静克制，还有一个重要原因，即他刻意不想带有任何感情倾向。他不希望由主角脸上的表情来引导观众的理解。而是让观众如同在街上与陌生人擦肩而过一般，对陌生人瞬间闪过的冷漠脸孔之下的"故事"进行猜测，这样才有意思。

○ 认为过多表达感情是一种干扰，在电影中"不想感情用事"的北野武，在生活中却为了情人大打出手，完全不顾艺人身份，这也是他性格中的一个"分裂"面吧。

○ 北野武的不动声色，有一种特别的力量。甚至是他电影中的暴力，没有任何预兆地瞬间发生，又瞬间归于平静。这种平静，不是海平面上声音与动作的暂停，而是一种将大风大浪看淡，将所有的结局看透，不管命运如何将之翻弄，都能在暴风雨中安睡的沉着。

○ 北野武就是这样一个在暴风雨中安睡的男人。

梦想、挑战、实现：
本田宗一郎的奋斗之魂

夢 、挑 戦 、実 現：本 田 宗 一 郎 の 闘 魂

刘子丹 / text 知日资料室 / picture courtesy

让我们给因战败
而受伤的日本人民
带去梦想吧！

本田宗一郎

○ 1961 年 6 月 12 日，欧洲曼岛，一场残酷的摩托车赛事正在进行。

○"曼岛 TT 摩托车大赛"被称为世界上最危险的摩托车比赛：比赛赛道一圈约 60 公里，有 219 个急弯，最低处与最高处的海拔相差近 400 米，天气状况恶劣时还会受到狂风与山中大雾的影响，每年的比赛都会有数人丧生。这样一场残酷的比赛，对摩托车的品质与性能的要求是极高的，能在比赛中胜出的摩托车厂商毫无疑问能称霸世界市场。

○当时的日本，战败后的低迷与萧条已经持续了很长时间。1954 年的某一天，48 岁的本田宗一郎站在橘子箱上对员工们大喊："让我们给因战败而受伤的日本人民带去梦想吧！"由此，当时还是一家小公司的本田技研工业开始了数年的研究开发，只为一个目标：在世界最高难度的赛事中称霸。

○1906 年，本田宗一郎出生于日本静冈县磐田郡光明村（现滨松市天龙区），自幼对机械修理怀有极浓的兴趣。小学毕业后他便背井离乡，到东京一家名为"ART 商会"（アート商会）的汽车修理厂学习修理技术。修理厂的青年厂长榊原郁三有着过硬的技术与独特的创造性思维，本田宗一郎认真地向他学习，将知识牢记在心。18 岁时，本田便奔赴岩手县盛冈市，独自一人完成了消防车的修理。1928 年，经过六年时间的磨炼，他回到故乡滨松市开设了一家"ART 商会"的分店。一次，歌手藤山一郎在旅行时到达滨松市附近，恰好爱车出现故障。穷途末路时，从偶然路过的行人口中了解到当地有一家技术过硬的修理厂，这就是本田宗一郎的"ART 商会"。他来到"ART 商会"后，检查后发现，坏掉的零件只有在东京才能买到，藤山一郎为此非常苦恼。而本田宗一郎将应急用的零件进行改装，只用了大约两小时便将车修理完成。这件事也被传为佳话。

○本田宗一郎不满足于单纯的汽车修理，1937 年，他成立"东海精机重工业株式会社"，并担任总经理，在活塞装置的制作上倾注了大量的热情。但是，研究开发过程很不顺利，他感到了自身知识的匮乏，决意到当地的滨松高等工业学校进行学习。教授科学严谨的授课与分析让本田宗一郎极为感动，他意识到了科学知识的重要性。30 岁的他戴着学生帽、穿着学生服、开着爱车"达特桑"上下学，成为了学校机械科夜间部的一名特别旁听生。1937 年 11 月 20 日，活塞的试制品终于制作完成。然而，在生产技术方面仍然存在很多问题，本田宗一郎在巨大的困难面前直面挑战，不断努力着。两年后，他终于实现了活塞的大量生产，在这两年间，本田宗一郎取得了 28 项活塞装置相关的专利。

○1946 年 10 月，39 岁的本田宗一郎在滨松市设立"本田技术研究所"，专注于开发机动车辅助引擎。两年后，他成立"本田技研工业株式会社"，并出任董事长，开始研究开发摩托车。当时的员工有 34 人，都亲切地称呼他为"老爹"。

～～～～～～～～～～～～～～～

○1954 年的日本，因朝鲜特需结束，就业率骤减，破产的暴风雨席卷全国，刚刚将工厂从滨松迁入东京的本田技研工业也陷入了经营危机。当时，他们将筹码压在了"Dream E 号"上。这辆搭载 E 型发动机的摩托车，其马力足够爬上箱根山山顶。然而，产品上市后却接连遭到投诉：引擎根本无法正常发动。战后的日本，约 200 家摩托车厂商中有七成已经倒闭，担当让本田起死回生这一重任的是以新颖的外形设计为卖点的"JUNO 号"，但这辆重达 170 公斤的摩托车推出不久便停产，公司也陷入了资金周转不灵的苦境。

当时的本田宗一郎注意到了一个人：被称为"富士山飞鱼"的游泳选手古桥广之进。他在美国创造了惊人的世界纪录，让全日本沸腾。"为了给年轻人希望，我们要走向世界。"本田宗一郎由此萌发了参加曼岛 TT 大赛的想法。

○为了公司的重建，年轻的技术人员们凝成一股力量，开始了摩托车的研发。初次制作的引擎马力为零。"做出来的东西居然是个废物。"当时仅 22 岁的久米是志被委以引擎设计这一重任，他感到了巨大的压力。参加比赛的摩托车骑手也从员工中选拔，21 岁的秋山邦彦主动报名："公司的危机由我来拯救！"在弯道练习时，他曾无数次几乎擦着地面飞驰而过，摔倒数次，依然继续挑战。1957年，有日本国内12家摩托车厂商参加的浅间火山比赛中，雅马哈独揽前三名。本田宗一郎哭了："别说世界级的赛事了，就连在日本都无法获胜。"然而他并没有因此一蹶不振，又一次站在橘子箱上宣布："明年参加曼岛TT大赛，一定要获胜！"

○距离比赛还剩八个月，本田宗一郎与技术人员们共同研究开发，试做引擎，修改设计，持续试验，夜以继日地工作着。1959年6月3日，本田在集结了世界顶尖摩托车厂商的曼岛TT大赛中荣获125cc级别第六名。马力不够、悬架装置太弱等问题是制约骑手的原因。技术团队从经验中汲取教训，改进技术，1961年6月12日，在曼岛TT大赛125cc决赛中，本田众选手打败了意大利与东德，一举冲过终点，独占前五名。英国报纸对此的评价是："在不久的将来，日本会给世界的摩托车产业带去一股新风。"本田做到了，他们实现了当初宣称要制作世界第一的摩托车的野心。青蛙从井底跳出，跃向了世界。

○称霸世界摩托车市场之后，本田宗一郎追逐梦想的脚步仍然没有停歇。1962年，本田技研工业开发出了第一辆四轮跑车S360。"不参加赛事，汽车便永远无法进步。只有参加在观众面前激烈交锋的赛事，才是成为世界第一的道路。"本田怀着这样的想法，开始向F1大奖赛的挑战……

○本田宗一郎曾说："我最引以为傲的事情，并不是自己从没有失败过，而是我在被打倒后会立马站起来。"2006年恰逢本田宗一郎诞辰100周年，在他的出生地滨松市，人们为他举办了以"梦想、挑战、实现"为主题的巡回纪念公演，而这六个字正是本田宗一郎传达给他们的最宝贵的财富。

○在这片土地上，人们正在努力延续这种精神——追逐梦想、不畏艰险、迎接挑战。

秋山好古：清贫之家中崛起的骑兵巨人

秋山好古：貧乏の家から立ち上がった騎兵の巨人

陈瑶 / text 知日资料室 / picture courtesy

13

○ 据说，《进击的巨人》里的皮克西斯司令官人物原型就是日本骑兵之父秋山好古。秋山好古建立的骑兵队，是日本第一支近代意义骑兵。少年秋山好古并没有想要成为一名军人，上军校只是看中了士官学校不仅不收学费，还提供一定生活费的优越条件。秋山好古一直热心教育，"一战"结束后，被提拔至陆军大将的秋山好古辞去职位回到故乡，成为了一名中学校长。

○ 1859 年，秋山好古出生在松山藩（现爱媛县松山市）一个下级武士家庭。那时候的日本正值明治维新前夕，武士阶层没落，作为下级武士的秋山家也十分贫苦。秋山好古的五弟出生后，家人想要把他送去寺庙寄养，秋山好古十分疼爱弟弟，对父亲说："请不要把弟弟送去寺庙，我会努力学习，以后赚到像豆腐块那样多的钱。"这个被秋山好古疼爱的弟弟，就是后来成为海军将领的秋山真之。因为家境贫寒，为了减轻家庭负担，秋山好古只读了小学便辍学，在当地的公共澡堂打工，但他并没有因此彻底放弃学业，仅靠一天一个铜板的微薄工资买书自学。这个时期他读了福泽谕吉的《劝学篇》，启发了他对教育以及国民意识的思考。16 岁时，秋山好古离开家乡去大阪读师范学校，毕业后去了一家小学当教员。后来，他听说东京有免费还提供生活费的军官学校，就在这样的机缘巧合下参军了。此后历经陆军士官学校、陆军大学，后被选拔去法国学习骑兵战

略，回国后担任了骑兵第一大队中队长。

○ 有人曾问秋山好古，骑兵是什么？他举起拳头打碎了一块玻璃，然后举起鲜血淋漓的拳头说，"这就是骑兵"，骑兵就是速度、力量和伤亡。

○ 秋山好古以陆军身份参与过中日甲午战争和日俄战争。在日俄战争时，他作为骑兵第一旅长出征，在奉天之战中打败了号称世界最强的哥萨克骑兵团。哥萨克兵团为沙俄扩张欧洲领土立下汗马功劳，就连拿破仑也曾说："如果我也拥有一支哥萨克骑兵，早就横扫欧洲了。"可见哥萨克兵团实力之彪悍，在远东地区更是无人可及。沙河会战后的黑沟台会战中，日军以八千人兵力抵挡住俄国十万人的进攻，成为日俄战争的转折点。而秋山好古所带部队在土城子一带遭到清军的迎头痛击，这成为了日军发动旅顺大屠杀的借口。

○《进击的巨人》中的皮克西斯司令官酒不离身，真实的秋山好古也完全如此。在以秋山兄弟为原型的大河剧《坂上之云》中，也有不少有趣的情节。秋山好古在士官学校念书时，就酷爱饮酒，经常独自喝到天亮，被周围的人戏称为"酒豪"。原本想要寄回老家的工资，也常常用来买酒而所剩无几。后来上了战场，这个习惯依旧没有改变，唯一贴身携带的"武器"就是酒罐子。有一日，秋山和朋友一起喝酒，苍蝇落到杯口处，朋友赶快驱赶苍蝇，秋山却直接一口喝了下去，朋友们都被惊到哑口无言。后来，秋山好古被流弹打中，上嘴唇受伤，哪怕是

这样他也每日照常饮酒，还说："没事，喝酒的话一点都不痛。"历史似乎也不想错过这位酒豪将军的轶事，留下一张被绷带遮住半张脸的照片。这张名为"负伤的将军"的照片也登上了日本的战时新闻。战争结束回国后，秋山好古对副官清冈说："真想再一次和你一起去战场上啊。"清冈回道："如果您喝酒不要喝得那么凶的话，还是很想再和您一起去。""这次我绝对不会再喝酒了。"秋山好古说。"这种话才不可信呢。"清冈这样回答道，可见秋山还真的是一个不折不扣的"酒鬼"啊。

○ 福泽谕吉是秋山好古最推崇的思想家，福泽谕吉的思想深刻影响了他对教育的思考。功成名就之后，被推选为元帅的秋山好古舍弃名利，回到家乡做了一名高中校长。这在众人眼中看来实在是不可思议，却很有秋山好古的特点。秋山好古虽然战功辉煌，但他本人却不重名利，战利品也多是分给部下，他常说："贫穷一点也好，不是有艰难玉成这句古话嘛。"他在德国留学的时候，因为想省钱而不去看病，头发全都掉光了。在生活中他也提倡节俭，弟弟来东京共同生活时，家中也只有一个碗。母亲担心东京气候寒冷，寄了棉衣给弟弟真之，也被秋山好古斥责为"累赘"，命令其脱掉。

○ 秋山好古不爱谈论自己的功绩，如果有学生问他有关日俄战争的问题，或是

想要看他的制服，他都不答应。在北豫中学担任校长期间，一日，植冈宽雄少将对他说："您最近怎么秃得这么厉害？"秋山好古并没有生气，反而说道："是吗？我之所以取得今天的成果地位，并不是我有多努力、吃了多少苦，而是几千次、几万次向别人低下头，于是就变成今天你看到的这样了。现在的年轻人，只是取得了一点点的成绩就骄傲自满起来，根本不知向别人低头为何物，这就是为什么你们没办法出人头地。"

○《坂上之云》呈现给我们一个温情的秋山好古。在考上东京的士官学校后，秋山好古把弟弟从松山藩的老家接来，供他在东京学习，直到考上大学，履行了小时候的诺言。可以说，弟弟秋山真之是在哥哥的教导下成长起来的，秋山真之也一直以哥哥为人生的榜样。

○ 秋山好古有两男五女七个子女，但因为年轻时常年在外征战，退役后担当校长公务也十分繁忙，不曾请过一天的假，子女的教育全部交给了夫人。与其说是对子女漠不关心，不如说是身为军人的自我修炼要求，或许是将这份爱意深埋心中，以减少后顾之忧。虽然不曾亲手照顾子女，但是每次离家都会寄回家书数封。

○ 秋山好古的次女曾写过一篇叫作"父亲的模样"的文章，描绘了在家庭生活中的秋山好古。文中这样写道："父亲看着孙子们鞠躬行礼的样子，就会高兴地摸着他们的头说'对，敬礼就要有敬礼的样子'。"来不及对儿女表露的爱，都延伸到孙辈一代的身上。

○ 秋山好古对弟弟真之说的话——男子汉一生只用做好一件事就足够了——也成为了许多人信奉的人生信条。

男子汉一生只用做好一件事就足够了。

秋山好古

直击人心的"燃"台词

胸に迫る燃えるセリフ

刘子丹 / edit
知日资料室 / picture courtesy

14

2013 年的夏天，一听到"以牙还牙，加倍奉还！"，脑海中会立刻浮现"半泽直树"的脸，甚至会不自觉握住拳头，心中愤怒的小火焰也随之燃烧起来。这是日剧带给我们的共鸣。有关青春、热血、奋斗等主题的日剧、日影中，总会有那么些可以让人瞬间"燃"起来的场景和台词。《龙樱》中樱木老师站在讲台上写下"东大"二字时；《热血高校》里以泷谷源治为首的一大群人淋雨前行时；《胜者即是正义》中古美门律师辩论完毕时说出那句大快人心的"以上！"时……回顾这些台词时，也能重温当时的热情与感动。

「藤井树，你好吗？」

01

Love Letter
情书

中山美穗 / 酒井美纪 / 柏原崇
1995

02

GTO
麻辣教师

反町隆史 / 松岛菜菜子
1998

03

聖者の行進
圣者的行进

石田一成 / 酒井法子 /
广末凉子 / 安藤政信
1998

「不知道你的心里何时开始变成沙漠？别放弃，我会不断地给你浇水。然后，一定会发芽、开花、变成森林的。那里一定有一个漂亮的泉水涌出来。」

「每天都想着将来的事，你很高兴吗？说到人，如果不把握现在，那有什么意思？把握每一天都充实的生活，不是更重要吗？如果不是这样，怎么会有将来呢？所以人生是没有彩排的！每一天都是现场直播！所以每一天都去好好生活是最重要的。如果不是这样，你不觉得你自己很可怜吗？」

魔女の条件
魔女的条件

松岛菜菜子 / 泷泽秀明
1999

04

「我知道你现在很痛苦，可是不管有多么痛苦，还是必须面对现实活下去啊！人生没有什么事情是没有意义的，不继续活下去才是没意义的，活着的快乐远比痛苦多！」

菊次郎の夏
菊次郎的夏天

北野武 / 关口雄介
1999

05

「天使终究是不会来的。可是我们还有北斗七星。」

「我将来是要继承公司的，想要享乐只能到高中为止，所以我要尽情地讴歌青春，度过无悔的时光。」
「野猪力量，注入！」
「只要你活着就会碰到最糟糕的日子，但是也会有最好的时候，那就是人生。」

08

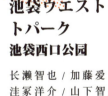

野ブタ。をプロデュース
野猪大改造

亀梨和也 / 山下智久 /
堀北真希 / 户田惠梨香
2005

06

池袋ウエストゲートパーク
池袋西口公园

长瀬智也 / 加藤爱 /
洼冢洋介 / 山下智久
2000

「他是我的好朋友，不准你们动他。」
「如果我死了，池袋就交给你了。」
「别看我是个小混混，对感情也是很认真的！」

09

ドラゴン桜
龙樱

阿部宽 / 长谷川京子 / 斋藤洋介 /
山下智久 / 长泽雅美 / 小池彻平 /
新垣结衣
2005

「如果你不屑这个世界的话，那就自己来制定规则。」
「入学考试的问题正确答案永远只有一个，要是没能达到这个唯一就是不及格，这是非常严酷的。但是人生是不同的，人生的话正确答案有很多个，去大学继续深造是正确的，不去也是正确的，热衷于运动也好，热衷于音乐也好，和朋友疯玩也好，为了别人而绕远路也好，全部都是正确的。所以你们不要懦怯于生存这件事。你们不要否定自己的可能性，考上的人和落榜的一样，你们都给我抬头挺胸堂堂正正地活下去！」

07

Nana
娜娜

中岛美嘉 / 宫崎葵
2005

「不要气馁啊，奈奈，人生就是起起伏伏，如果能一直站着就是胜利了啊！」

10

1 リットルの涙
一公升的眼泪

泽尻英龙华 / 锦户亮
2005

「跌倒又有什么关系呢，还可以再站起来嘛。跌倒后可以顺便仰望一下天空，蓝蓝的天啊，今天也在无限延伸朝着我微笑。」

女王の教室
女王的教室

天海佑希
2005

11

「好好睁开眼睛，悔恨的话就用自己的力量来解决。不依赖任何人，靠自己的力量。」

「能想象吗？遇到痛苦的事，你们会做的只是闭上眼睛，但是即使闭上眼睛，问题也不会解决。睁开眼睛的时候，自身会变得越来越坏。平时说什么个人的自由、主张权利、人权被侵犯了就要大人来保护。也就是说，什么时候都只想当孩子。如果后悔的话，那么自己的人生，就要自己负起责任！」

クロサギ
欺诈师猎人

山下智久 / 堀北真希
2006

12

「在这个世界上，我最讨厌的东西就是诈欺师了。为了满足自己的欲望而去欺骗别人，卑鄙的白鹭王八蛋们是我最讨厌的家伙！这些吃人不吐骨头的诈欺师们，我会一只不剩地吞个精光的！」

医龍
Team Medical Dragon
医龙

坂口宪二
2006

13

「这个患者正在努力活着，在这小小的身躯里，在拼命地战斗，既然这里有正在战斗的患者，我们也要迎战。」

「不管对方是谁，都是患者，这就是队伍的宗旨。全力救助。」

14

「失恋或许令人心如刀绞，但是，不能因此而止步不前，昂首向前行进吧！」

働きマン
工作狂人

菅野美穗 / 速水重道
2007

15

プロポーズ大作戦
求婚大作战

山下智久 / 长泽雅美
2007

「每个人的手上都握着一把打开奇迹大门的钥匙，只是，明白这个道理的人少之又少。改变命运的奇迹，从不以匆匆的姿态出现。只要心怀改变的梦，一步步不断积累，总有一天，奇迹之门会为你敞开。」

16

華麗なる一族
华丽一族

木村拓哉
2007

「人，是一种很渺小的存在，为了让自己看起来强大而拼命延长身躯，却因此受伤。而伤口，到最后会扩散全身。」

「人，是一种既愚蠢又脆弱的生物，或许正因为如此，我们才会编织梦想。伴随着对梦想的追逐，有时会遇到困难，有时会因梦想感到痛苦。」

「就算如此，我还是坚信，能够创造未来的，是人们追逐梦想的那股热忱、那种渴望。可是啊，当人们迷失信念的时候，目标和荣耀也即将远离，那么，为什么我不面对明天的阳光呢？」

17

クローズ ZERO
热血高校

小栗旬 / 山田孝之
2007

「在这个铃兰高中，只有靠拳头才能站上这个舞台，你们都知道吧！但是，在铃兰的历史上，还没有人可以攻顶。你们知道谁可以吗？就是我。今天，我就要攻上去！」

「源治，要取得天下啊！跳跃吧！像乌鸦一样！」

「我和你看过的风景永远不会变。在铃兰，没有人能在我们之上。」

「悸动梦想！闪耀明天！」

18

おくりびと
入殓师

本木雅弘 /
广末凉子 /
山崎努
2008

「死可能是一道门，逝去并不是终结，而是超越，走下一程，正如门一样。我作为看门人，在这里送走了很多人。说着，路上小心，后会有期。」

19

ROOKIES
菜鸟总动员

佐藤隆太 / 市原隼人
2008

20

「我要比任何人都更早成为名医。」

コード・ブルー - ドクターヘリ
緊急救命
CODE BLUE 紧急救命

山下智久 / 新垣结衣 / 柳叶敏郎 /
户田惠梨香 / 比嘉爱未
2008

特集・燃

「打就打，人没有那么容易就挂的。」

21

ドロップ
彪悍少年

成宫宽贵 / 水岛宏
2009

「我要用我的方法，去和这世上的罪恶战斗。」

24

ジョーカー 許されざる捜査官
不被原谅的搜查官

堺雅人 / 锦户亮 / 杏
2010

「你的人生将会是一场战斗，但是做出这个选择的是你自己。」「我要创建一个，大家会再想要来投胎转世的国家。」「上帝只会给人能挺过去的考验。」

既然如此，就要打赢这场仗。为了我们家，也为了这世间和你选择了相同人生的女子们。开辟道路吧！我在这里看着你，决不允许你灰心丧气。我等着看。」

22

JIN-仁-
仁医

大泽隆夫 / 中谷美纪 / 绫濑遥
2009

「不要怨天尤人，首先扪心自问。」「无论何时，人生都能重新出发。」

25

フリーター、家を買う。
打工仔买房记

二宫和也 / 香里奈
2010

SPEC 警視庁公安部公安第五課
未詳事件特別対策係事件簿
SPEC 警视厅公安部公安第五课
未详事件特别对策系事件簿

户田惠梨香 / 加濑亮
2010

26

「朝着梦想加油吧！——头号粉丝敬上。」

23

ブザー・ビート
～崖っぷちのヒーロー～
零秒出手

山下智久 / 北川景子
2009

「既有隐藏于黑暗中的真相，也有笼罩在光明下的真相。我绝对不会放过任何一瞬间浮现出来的真相。」「要是这点都不知道的话，你还是别干警察这行了。这条街道的每一盏灯都代表一个家，一份幸福。这就是我们警察拼命守护的东西，这些东西值得我们豁出性命。」

ヒミズ
庸才

染谷将太 / 二阶堂富美
2011

「住田，加油！」

全開ガール
全开女孩

新垣结衣 / 锦户亮
2011

「弄得满身是泥的人，也许会变得强大。」

あしたのジョー
明日之丈

山下智久 / 香川照之 /
伊势谷友介 / 香里奈
2011

「明日」这个东西，如果你只是沉迷于美好的今日，它就永远不会来。浑身浴血，沾满汗水与泥泞，变得伤痕累累，直到让人觉得你已经疯狂。正因为有这样的今日，才会有明日的到来。」

我隐隐约约明白了，只要眼前有要奋斗的事，就能从看不到未来的不安中，暂时转移视线。

遅咲きのヒマワリ～ボクの
人生、リニューアル～
迟开的向日葵

生田斗真 / 真木阳子 / 桐谷健太 /
香椎由宇
2012

「……那又怎么样？所以就希望受到怜悯吗？所以就希望得到抚慰吗？所以别人一对你们好一点就会很高兴吗？难道你们不觉得对不起祖先，不会愧疚于子孙后代吗？什么南蒙布朗，绢美村明明比真正的蒙布朗还要美得多，为什么你们都不这么想？不让任何人承担，不想看的东西就回避，大家友好地生活下去就可以了。但是，如果想夺回值得夸耀的生存方式，就必须看那些不愿意看的现实，必须带着身负重伤的觉悟前进，这才叫作战斗！」

リーガル・ハイ
胜者即是正义

堺雅人 / 新垣结衣
2012

「才能这种东西，本来就是靠自己挖掘创造的。我也不是什么天才，我只是比任何人都拼命工作，一步一个脚印走过来了。当我回头的时候，背后没有一个身影，那帮懒惰的人在山脚念叨着：谁叫那家伙是天才。开什么玩笑！我最讨厌优哉游哉地长大的慢性子，比我有时间，比我有精力，情感丰富的人，为什么比我懒惰？那就给我啊！要把这些东西浪费掉的话，那就通通给我！我还有很多很多想创造的东西，给我啊！」

リーガル・ハイ2
胜者即是正义2

堺雅人 / 新垣结衣
2013

33

最高の人生の終り方
～エンディングプランナー～
最完美的人生终点

山下智久 / 荣仓奈奈 / 前田敦子
2012

「放弃便可以结束一切了。可是如果不放弃的话，守得云开见月明的那天终将会到来。」

PRICELESS
あるわけねえだろ、んなもん
PRICELESS：
有才怪，这样的东西！

木村拓哉 / 中井贵一 / 香里奈
2012

34

「这个世界上，果然没有一开始就不可能的事。」

35

ホタルノヒカリ
萤之光

藤木直人 / 绫濑遥
2012

「这次，首次的私人出国旅行，我会克服一切困难。殊死搏斗，我雨宫萤，拼上性命，向出国旅行发出挑战！」

36

ブラックボード 第1夜
黑板 第1夜

樱井翔 / 宫泽理惠 / 大岛优子
2012

「不能只因为战败就去憎恨战争。那样只会不断重蹈覆辙。无论胜利还是失败，都要憎恨战争。所谓圣战根本就不存在。」

37

ブラックボード 第2夜
黑板 第2夜

佐藤浩市 / 志田未来
2012

「我在你们这个年纪的时候，是日本和美国打仗的时候！何止有没爆炸的炮弹，学校都被当作停尸场！学生要在学校挖坟，还要帮着烧尸体。现在好不容易和平了，为什么要故意把学校变成战场啊！我不会让你们胡闹！听明白了吗？！」

38

リッチマン、プアウーマン
有钱男与贫穷女

小栗旬 /
石原里美 /
井浦新 /
相武纱季
2013

「靠自己开创如今这里所没有的未来！」「金钱为重，工作不设限，但决不出卖灵魂！」

半沢直樹
半泽直树

堺雅人 / 上户彩 / 香川照之 / 及川光博
2013

「如果你们再拖我们的后腿，我一定会奋战到底，以牙还牙，加倍奉还！」

あまちゃん
海女

能年玲奈 /
小泉今日子 /
桥本爱
2013

「我想成为偶像！」

図書館戦争
图书馆战争

冈田准一 / 荣仓奈奈 / 田中圭 / 福士苍汰
2013

「曾经，在日野图书馆事件中，共烧毁了62万5098册书，剩下的只有这一本，这是本记录了本地历史的珍贵书籍。现在，在小田原，为了保护野边山先生遗留下的珍贵资料，图书队正在战斗着。已故的稻岭馆长想要保护的、野边山先生托付给我们的，既是书，也是历史。已经有太多的历史被烧毁了，思想被湮灭了，真相被掩埋了！我们再不会允许这种行为，即使要为此抛头颅、洒热血！」

安堂ロイド
～A. I. knows LOVE ？～
安堂机器人

木村拓哉 / 柴崎幸
2013

「无论要战斗多少次，我都会一直坚持，直到胜利为止！」

舟を編む
编舟记

松田龙平 / 宫崎葵
2013

「词语的海洋浩瀚无边，辞典是那片大海中的一叶扁舟，人类靠着这叶名为辞典的扁舟渡海，搜寻最能表达自己心情的言语，那是找到独一无二言语的奇迹。献给想与人关联，期望渡过浩渺大海的人们的辞典，那便是《大渡海》。」

在二次元里"燃"一次

二次元の中で燃えろう

陈晗、环殿颖、张艺 / edit
知日资料室 / picture courtesy

15

□ "燃烧吧！小宇宙！"

□ "教练，我想打篮球！"

□ 还记得这些台词出自哪些动画吗？前者来自当年一播出便引发收视狂潮，堪称"装备系"动画片先河的《圣斗士星矢》（聖闘士星矢），而后者，不用说，出自"运动系"动画中无可取代的《灌篮高手》（SLAM DUNK）。

□ 《圣斗士星矢》于1985年开始在集英社漫画杂志《周刊少年JUMP》上开始连载，因反响甚高，1986年被东映公司制作成动画一直播放至1989年。而紧随其后，井上雄彦的《灌篮高手》自1990年起在《周刊少年JUMP》上展开连载，虽然于1996年戛然而止，东映公司制作的动画版从1993年起在日本各大电视台播出，其风靡之势，早已突破日本，席卷亚洲乃至全世界。在日本所占据的特殊地位，至今仍无法取代。

□ 数不尽的精彩动画，数不尽的震撼瞬间，那一句句动人的台词直击我们年轻的心房，青春、热血、友情、爱情……你还能回想起那些让你热血沸腾、感动落泪的精彩瞬间吗？

01

鉄腕アトム
铁臂阿童木

手冢治虫 / 虫プロダクション
1963～1966

"这就是我存在的意义！老爸！"
——阿童木

02

銀河鉄道999
银河铁道999

松本零士 / 西泽信孝 / 东映动画
1977～1981

"这是自己人生的选择，别人的话是没用的。"
——梅蒂尔

03

風の谷のナウシカ
风之谷

宫崎骏 / 高畑勋 / トップクラフト
1984

"生命是黑暗中闪烁的光！"
——娜乌西卡

04

北斗の拳
北斗神拳

武论尊 / 原哲夫 / 芦田丰雄
1984 ～ 1988

"你已经死了！"
——拳四郎

05

ドラゴンボール
七龙珠

鸟山明 / 冈崎稔碾 / 西尾大介 / 东映动画
1986 ～ 1989

"我的全部都在这个拳头里。"
——孙悟空

06

アキラ
阿基拉

大友克洋
1988

"我们是健康优良的不良少年！"
——金田正太郎

"明白吧？科学与真理是次元不同的东西。"
——岛铁雄

"心中有愧地活着就会一直畏首畏尾。"
——山形

07

聖闘士星矢
圣斗士星矢

车田正美 / 荒木伸吾 / 朝日电视台 / 东映动画
1986 ～ 1989

"燃烧吧！小宇宙！"
——星矢

08

SLAM DUNK
灌篮高手

井上雄彦 / 西泽信孝 / 东映动画
1993~1996

"直到最后一刻也不要放弃希望，如果你放弃的话，比赛就真的结束了。"
——安西教练

09

ジョジョの奇妙な冒険
JoJo 的奇妙冒险

荒木飞吕彦 / 北久保弘之 / 二村秀树 / A.P.P.P.
1993 ～ 2007

"乔纳森，你知道什么是勇气吗？"
"……"
"听好了，乔纳森，勇气就是知道什么是恐惧，并面对它，将它视为自己的囊中之物。"
——威尔·A.谢皮利

10

ザ・コクピット
战地启示录

松本零士 / 川尻善昭 / 今西隆志 / 高桥良辅 / MADHOUSE / jacom/visual80
1994

"一个可悲的战斗机飞行员，两度在战斗中犯下罪行。但是，我甘愿背上污名，无怨无悔，我是艾尔哈特·冯·莱茵达斯，没有把灵魂出卖给恶魔的男人。"
——艾尔哈特·冯·莱茵达斯

11

エイチツー
H2

安达充 / 片冈义朗 / 藤原正道 / 苇 Production
1995~1996

"告诉大家，甲子园不是光用来看的，而是我们要去的地方，明年，去吧！"
——广田胜利

12

新世紀エヴァンゲリオン
新世纪福音战士

庵野秀明 / GAINAX/Tatsunoko Production
1995 ～ 1996

"你不会死的。我来保护你。"
——绫波丽

るろうに剣心
浪客剑心

和月伸宏 / 古桥一浩 / GALLOP /
STUDIO DEEN
1996～1998

"活下去的意志是最强的力量！"
——绯村剑心

HUNTER × HUNTER
全职猎人

冨樫义博 / 古桥一浩 / 日本动画公司
1999～2001

"攻击是最好的防御！"　——小杰

ONE PIECE
海贼王

尾田荣一郎 / 宇田钢之介 / 志水淳儿 /
境宗久 / 宫元宏彰 / 东映动画
1999 至今

"我是要成为海贼王的男人！"
——路飞

"求求你，让我成为医生，我要让自己
成为万能药，我要成为能医任何病的
医生，成为能拯救这个国家的医生，
因为……因为，这个世上没有什么病
是无法医治的。"　——乔巴

ヒカルの碁
棋魂

堀田由美 / 小畑健 / 西泽晋 / 神谷纯 /
远藤彻哉 / Studio Pierrot
2001～2003

"每一步棋都要三思而后行，追求完
美的一手！这种积极的态度令人兴奋
莫名。"　——佐为

機動戦士ガンダム SEED
机动战士高达 seed

矢立肇 / 富野由悠季 /
福田己津央 / 日升动画
2002～2003

"首先是下定决心，然后坚持到底，
这是达成一个目标唯一的方法。"
——拉克丝·克莱茵

十二國記
十二国记

小野不由美 / 山田章博 / 小林常夫 /
Studio Pierrot
2002～2003

"人不是任何人的奴隶，不是为了做
奴隶而生。"　——阳子

NARUTO ナルト
火影忍者

岸本齐史 / 伊达勇登 /
Studio Pierrot
2002～2007

"我现在决定了一条绝不会后悔的
路，勇往直前地走下去！"　——鸣人

鋼の錬金術師
钢之炼金术师

荒川弘 / 水岛精二 / BONES
2003~2004

"炼金术的基本是'等价交换'！！要
得到什么就要付出同等的代价。"
——爱德华·爱力克

コードギアス
反逆のルルーシュ
Code Geass 反叛的鲁鲁修

大河内一楼 / 谷口悟朗 / 日升动画
2006～2007

"光说漂亮话世界是无法改变的！"
——鲁鲁修

22

桜蘭高校ホスト部
櫻兰高校男公关部

叶鸟螺子 / 五十岚卓哉 /BONES
2006

"说什么玩笑话！为什么能那么简单就说出放弃的话？你和我不一样，你有只要努力就能爬上任何高处的机会，既然如此，为什么不更努力?！为什么不利用得天独厚的优势?！"
——凤镜夜

23

銀魂
银魂

空知英秋 / 高松信司 / 藤田阳一 /
SUNRISE
2006～2010, 2011～2012, 2012～2013

"不去保护应该保护的东西而苟延残喘，武士就跟死了没什么差别，要是只有 5% 的存活概率的话，那我就用尽这 5% 来保护你。一旦决定了要保护的东西，无论如何都要保护到底！这就是武士！"——志村新八

24

天元突破グレンラガン
天元突破红莲螺岩

森小太郎 /GAINAX/ 今石洋之
2007

"你的钻头是可以突破天际的！"
——卡米那

25

Angel Beats ！

麻枝准 / 岸诚二 /P. A. Works
2010

"这就是我的人生，像这样不断地把歌唱下去，这就是我生下来的意义，就像我被拯救了一样，我也这样拯救着别人。"
——岩泽麻美

26

バクマン。
食梦者

大场鸫 / 小畑健 / 笠井贤一 /
秋田谷典昭 /J. C. STAFF
2010～2013

"你就这样漫无目标地活下去吗？你甘心让自己的人生这样度过吗？"
——高木秋人

27

宇宙兄弟
宇宙兄弟

小山宙哉 / 渡边步 /A-1 Pictures
2012～2014

"不管多少人，你都会挺起胸膛去挑战，选择最难的事情。那对于现在的你来说，最耀眼的事情是什么？来，拿起小号，演奏吧！即使吹得不好，吹出错误也没关系，不出声音是成不了音乐的哦。"
——金子·莎朗

28

黒子のバスケ
黑子的篮球

藤卷忠俊 / 多田俊介 /
PRODUCTION I. G
2012

"不是强者必胜，而是胜者必强。"
——岩村努

29

進撃の巨人
进击的巨人

谏山创 / 荒木哲郎 /
WIT STUDIO
2013

"想干的话，就尽管去干吧。选择吧，不管是相信自己，还是相信那些值得信赖的同伴，其对应的结果任何人都不可能预见，总之你就尽量，自己选一个不会留下悔恨的方式吧。"
——利威尔

甲子园，赌上一球的夏天

甲 子 園 、 一 球 を 賭 け た 夏

曹人怡 / text 毛丹青 / photo

16

○ 夏天就要开始了。

○ 乘坐阪神电车神户线到甲子园站下车，出站便可以看见商品琳琅的药妆店、朴素精巧的居酒屋，径直再走几步，还可以看到一座布满绿色爬山虎的露天球场。

○ 这座位于日本兵库县西宫市甲子园町的球场，就是大名鼎鼎的阪神甲子园球场。其总占地面积约四万平方米，可容纳五万多人，于大正天皇甲子年（1924 年）落成起用。"甲子园"这一名字来源于 1924 年的天干和地支，恰巧为"甲"和"子"，代表干支纪年中纪元的开始。阪神甲子园球场是日本职棒阪神虎队的主场，也是日本每年春、夏两季举办全国高中棒球联赛时的指定球场。在中国，棒球似乎并不是那么为人所熟知的运动，但在日本却受到极大的欢迎，几乎每个学校都有自己的棒球部。1915 年，第一届全国中等学校优胜棒球大会的场地是大阪府的丰中球场，1917 年的第三届大会场地又迁移到了兵库县西宫市的鸣尾球场。直到 1924 年，甲子园球场建设完成后，比赛场地才迁移到现在的甲子园球场。尽管如此，由于长期受到全国高中棒球联赛宣传的影响，"甲子园"已成为日本高中棒球的代名词。

○ 甲子园内打棒球的地方是每边 90 英尺（约合 27.4 米）的近似菱形的区域，每个角都放置白色包垫，就是我们说的"垒"，从本垒开始逆时针数，分别称作一垒、二垒和三垒，一、二、三垒都有胶皮所制的垒包，而本垒有本垒板，却没有垒包。边线以内的地区是砂石场地，叫作"内野"，因为阪神地区的沙石多呈白色，而棒球也是白的，为了避免同样的背景色造成视差而影响球技，甲子园内野的土中混入了一定比例的黑土。现在，甲子园球场的泥土采用的是日本国内的黑土和中国福建的白砂的混合。由于季节变化引起的阳光反射的差异，会在春天混入较多的白砂，夏天则是黑土的成分多一些。从本垒到一垒和三垒的边延长线所包括的区域，也是有效区，被称为"外野"。甲子园的外野铺满了草皮，一片青绿，和内野的泥土相互映衬，令人赏心悦目。

○ 在日本若提到"甲子园"，一般就是指选拔高等学校棒球大会（即春季甲子园大赛）或全国高等学校棒球选手权大会（即夏季甲子园大赛）。由于春季正值日本高中毕业季，很多高三主力队员已经毕业，而一、二年级的队员还需磨炼，因此春季甲子园大赛的含金量不如夏季。所以一般我们通过漫画或者小说所认识的甲子园球场，常常闪着夏日的阳光。

○ 自 1915 年第一届大会开赛以来，除曾受战争影响两度停赛外，到 2014 年夏季，甲子园将举行第 96 届大赛。可以这么说，进入甲子园是每个日本高中棒球部最迫切的向往。每次大赛一共有 49 个名额，虽说日本共有 47 个都道府县，北海道和东京因为参赛高中过多，又分别被划分成两个区，即北北海道区与南北海道区、东东京区与西东京区。想要在棒球比赛中

得分，简单来说就是双方队员争取上垒。击球手在本垒击球，如果击中，就按逆时针方向跑过一垒、二垒和三垒，最终回到本垒，每一个人跑过一次本垒就可获得一分，以得分多少来分胜负。就这样，每年全国将近四千个高中的棒球少年们为了在夏天进入甲子园，开始了挥洒青春、挥洒汗水的征程。对于高中棒球部的人来说，甲子园是一个永远的梦想。

和哥哥一起战斗

○ 每届大会，在为期两周的比赛中发生的故事都堪比电视剧，因为每个人都有不能输的理由。由于比赛是单轮淘汰制，仅一次失利，就会令你离开这个积蓄多年努力才站上的赛场。而上场的主力队员又以高三队员居多，一旦结束比赛，高中棒球生涯也将就此画上句点。为了能让自己的高中棒球生涯有所收获，让在甲子园奋斗的夏天意义非凡，选手们赌上了彼此的意气，拼尽了全力。

○ 2013 年的赛场上有一位叫德浪优斗的高二学生。来自爱知工业大学名电高等学校（简称爱工大名电）棒球部的他怀着激动的心情踏上了甲子园的土地。这是优斗自己的甲子园，也是优斗的哥哥梦想的甲子园。

○ 优斗的哥哥虽然也加入了爱工大名电

的棒球部，却因三年前的一次事故不幸去世。为了继承哥哥的梦想，优斗选择了进入爱工大名电的棒球部，穿上了和哥哥同样的球服。经过长时间的努力，优斗终于在高二的夏天踏入了甲子园。抱着"和哥哥一起战斗"的心情，想着在击球时借助哥哥的力量，他的包里总是放着哥哥的照片和护身符，还有哥哥用过的球棒。

〇 和在天国的哥哥一起并肩战斗的比赛就要开始了。这次优斗的对手是代表福岛县的圣光学院。棒球比赛一共九局，每一局分上、下两个半局。两支队伍轮流作为进攻方或防守方。进攻方每次会派一名击球

手上场打击，而防守方会派出九名队员，投手负责投球，捕手负责接球、防守本垒和指挥全场，其他 7 名队员为了阻止进攻的球队回本垒得分，分散在球场各处。比赛进入第四局，场上比分为 2 比 1，爱工大名电领先一分。在垒上有一人的情况下，终于迎来优斗的上场。垒上有人，说明有得分的可能，但是如果接下来的击球手不能给予他的队友充分的时间跑回本垒，依然没有得分的机会。优斗将球击了出去，却被对方防守队员迅速接到，优斗来不及跑向垒包，被击杀出局，没能将领先分数拉大。

〇 比赛胶着至第九局下半局时，圣光学

院已经领先爱工大名电一分。此时爱工大名电两人出局,三垒有人,此时如果击球手出局,进攻方爱工大名电就累计三人出局,这时双方需要交换进攻方和防守方。由于已进入第九局下半局,一旦第三人出局,比赛就会结束。但只要击球手接下来成功打击圣光学院的投手投出来的球,并让此时站在三垒的队友有足够的时间跑回本垒拿下一分,那么九局结束后同分,就有进入延长赛继续较量的机会。或是直接将球击到本垒打线外,打出一记难得的本垒打,除了三垒的队友可以跑回本垒,击球手自己也可以连跑四垒,回本

垒再得一分反超。仍然有反败为胜的机会,所有人都屏住呼吸等待结果。可惜队长远田的最终一挥并没有带来比分逆转的剧情,尽管爱工大名电奋战到了最后一刻,却也只能止步于此了。优斗迎着风仰起头,也许是和哥哥说了什么,也许是想止住快要流下的眼泪。当然还是高二学生的优斗并没有就此停止,也许来年的夏天,他还会带着哥哥的信念一起踏上这片土地。不过他现在可以做的,只有和队友一起站成整齐的列队,向着对手道谢,对着应援的观众致礼。尽管败者悲情,但胜利的队伍也从来不会扮演反派角色,背负着败者的信念,他们选择一起变强。

王牌投手

○ 甲子园棒球服背号1号一般是王牌的象征,交给首发的投手,在队伍进入防守局的时候上场。上场的九名队员中除了投手负责投球,捕手负责接球、防守本垒和指挥全场,其他的队员负责防守对方击球手击到球。球员分为内野手与外野手。内野手中,一垒手防守一垒,二垒手防守一、二垒之间,三垒手防守三垒,游击手则在二、三垒之间进行机动防守;而外野手则分为左外野手、中外野手和右外野手。当进攻方成功击球,包括投球手和捕手在内的守备队员就要以最快的速度接球,以阻止攻击的球队回本垒得分。投手除了防守,还要想尽办法把球投到本垒上空的好球带围。投入搭档捕手的手套中。投手若投出高速球,或是路线极难掌握的变化球,都会让击球手无法击球得分,于是观众的目光自然都集中在了投手身上。站在投手丘上的投手看上去醒目又孤独,他的队友们分布在球场各个方位,而自己却要直面对方打手的击球。

○ 2013 年夏天，笑到最后的王牌选手是群马县代表前桥育英高中的高二学生高桥光成。作为决赛之前拥有防御率 0.00 的王牌投手，他带领这支初次出场的队伍站上优胜的顶点。比赛的对手是来自宫崎县的延冈学园，双方以 0 比 0 迎来第四局，高桥光成让对方打出了一记安打。正是由于这一记安打，延冈学园三垒全部有人，前桥育英迎来满垒的危机。在这之后随着延冈学园打手的一记远投，前桥育英传向一垒的球失误了。在此之前防御率为 0.00 的王牌高桥光成，在决战的舞台上让对手拿下了 2 分。

○ 不过仅仅是防御率的改变，并不会击垮前桥育英的士气，要在第四局认输还不是时候。第五局，前桥育英高中站上进攻打席，队友田村以一记本垒打拿下了反击的第一分。在棒球飞向观众席的瞬间，胜利的天平也渐渐移向了前桥育英。比赛进入第九局，在王牌投手的全力投球下，所有守备严防死守，将比分控制在了 4 比 3 的领先地位。面对最后一位打手，高桥光成沉身定气，投出了该场比赛速度最快的一球，时速高达 141 千米。对方打手猝不及防，只留下一记空挥。最终，高桥光成投出在甲子园赛场上的第 134 球，让对手三振出局，将比分停留在了 4 比 3。投手大概就是这样的存在，他是背负着大家的期望去投球的代表者。虽然有很大的压力，但要与压力抗争，做到在投手丘上一直不断地投球。只有这样，他才会被认同为队伍的核心、赛场上的王牌。甲子园的投手丘就是这样一个让人认识到什么是"王牌"的地方。

圣地之土

○ 踏入甲子园的每个队伍都会事先精心准备一个口袋，除了最强的一所高中夺冠，剩下的48所高中在比赛失利之后，都会跪在地上，弯下身，将一把"圣地"的泥土装进口袋，混杂了汗水和泪水的泥土，是见证这个夏天的宝物。此举最早要追溯到年过八旬的福岛一雄身上。福岛先生当时是小仓高中（旧制小仓中学）的球员，"二战"后首次棒球大赛上取得两连冠的主投手。福岛先生曾试图奔着三连冠冲刺，但还是以失败告终。没能如愿以偿的他在离场前，情不自禁地蹲下身去，从场地上抓了一把泥土放入自己的口袋里，遗憾地想："以后应该不会再来了吧……"没想到，他无意间的动作竟成为日后高校球员的一项传统。福岛先生将这一捧带给他勇气的泥土埋进了自家的花盆中，而如今的高中生们，有的将这一捧土放到了去世的队友的陵墓前，也有还是高二的队员抱着明年还会再来的信念，只是轻抚一下这片奋战过的土地，并不将它装进口袋。缄默不语的甲子园之土和这些带着遗憾表情的少年们被相机一起定格了下来，也许会见证一段全新的开始。

只有成为比别人更努力的人，才有资格对别人说加油

○ 和棒球部部员一起忙碌起来的，往往还有学校的应援团、啦啦队部和吹奏部。从整齐有序的应援方阵上，可以看出一支队伍的团结和决心。

○ 应援团总是在体育赛场的看台上出现，他们身穿统一颜色的应援服，制作臂章和横幅，高挥校旗，指引本校的应援观众坐在统一的区块。应援团员会记下每一个队员的姓名，在队员上场的时候大声呼喊，为队员们打气。专门的鼓手会和吹奏部配合，演奏相应的应援歌曲，有流行歌曲、世界名曲，甚至是原创的专属歌曲。只求轻快的节奏，带来振奋人心的效果。而啦啦队员会在观众陆续入场后，整齐地在过道上站成纵列，和着吹奏部的曲子展现练习了许久的身姿。比赛开始后，应援团的团员会站在看台最前方，面向观众席，一边指挥统一动作，一边喊着口号，引导观众们一起传递最响亮的加油喝彩，还会根据场上的赛事情况，指挥吹奏部演奏不同的曲目。所以应援团并不只是简单的瞎喊，对于他们来说，只有成为比别人更努力的人，才有资格对别人说加油。倾注全力，正是应援团的精神。号召大家加油，并不是自己高兴才做，而是他们知道对于球员来说，无论多么有名的曲子，也比不上心中回荡的那些熟悉的声音更让人振奋。对于背对着比赛场地的应援团来说，他们身在现场，却不能第一时间看到最精彩的战局走势，可是他们却最懂得场上球员的努力。在比赛结束后，无论输赢，应援团都会组织各自的观众互相致敬。所以说一场棒球大赛，从来不是一个人的大赛，甚至不是一个棒球部的大赛，整所学校的年轻人都为它挥洒了汗水与泪水。

○ 夏季甲子园为了让所有热爱棒球的高中生都能够参与其中，还保留着面向全国高中生的"标语征集"项目。2014年第96届夏季甲子园大赛标语征集的金奖获奖者是来自青森县柴田女子高中的二年级学生相马冴，她所提案的标语为"キラキラ輝く、キミの夏"（你的夏天，闪闪发光）。获奖者相马冴将受邀出席今年八月夏日甲子园的开幕式。这样一个普通的高二少女，她不能在甲子园内奋战奔跑，也许因为路途遥远本无法到甲子园观看比赛，但是凭着对棒球的热爱，她也以另一种方式站上了圣地。

○ 甲子园之所以这么令人心神向往，是源于它的纯粹。赛场上未满二十岁的少年们，单纯地为了做好一件事——争夺一面象征最高荣誉的锦旗——而踏上了这片土地。观众席上的人们，也只是为了观赏激情的体育竞技。正是由于这份纯粹的赤子之心，甲子园才能走过将近一百年的岁月，才能见证这片土地上发生的一个个感人故事，才能让人在提到甲子园的时候，想到自己的青春。

○ 来自全国的棒球少年在操场上站成整齐的队列，他们宣誓将一心为胜利而战。不是浓眉大眼，不是傅粉何郎，他们笑起来，都还是少年模样。

○ 夏天又怎么会结束呢？

乌拉拉：一百一十三场，屡战屡败

ハルウララ：百十三の連敗

李征 / text　高知县赛马组合 / photo courtesy

17

○ 2003 年，一匹屡战屡败的赛马引发了日本全国上下的关注。2004 年，也就是 10 年前，作家重松清为这匹名叫哈卢·乌拉拉的马写了一个动人的故事——《快跑，乌拉拉》(走って、負けて、愛されて。—ハルウララ物語)。"我来讲个马的故事。"开篇这句话，讲得那么平淡，后面的叙述也同样不动声色。重松清为何要写一匹屡战屡败的马呢？过后我渐渐明白，写乌拉拉故事的用意并不仅仅是屡战屡败的故事本身，而是因为乌拉拉的故事在当时正好击中了日本人的内心，道出了在日本社会中无数次上演的、日本人内在最深的隐忍。

○ 正是从重松清的书里，我第一次知道了日本赛马场上有乌拉拉这样一匹纯种枣红马，据说马的平均寿命为 30 到 35 岁，在《快跑，乌拉拉》出版的 2004 年乌拉拉已年满 8 岁，十年过去，这匹生于北海道信田牧场的枣红马如今该 18 岁了。

○ 我不懂赛马，也不知道一匹名马每月要参加几场赛事。只是从重松清笔下约略得知，4 岁是赛马的巅峰时代。乌拉拉两岁时初次参赛，那以后平均每月参加两场比赛。《快跑，乌拉拉》中只写到第一百场，而百场之后，乌拉拉又参加过十三场比赛。不过结果和前面一百场一样，没有悬念。也就是说，直到 2006 年退役，乌拉拉生平总计参加了一百一十三场赛事，场场完败。作为一匹赛马的战绩，这结局确实让人唏嘘。

○ 人之生，身体由天赋。个人差异在所难免。体质弱小的乌拉拉要在速度上胜过那些身高体壮的名马，难度实在太大了些。乌拉拉的长处是坚持，从不言败。多年参赛，只有一次临时退场，其余场次从没缺席过。在重松清讲述的故事中只提到乌拉拉那次退场是因为马蹄发炎，发炎的原因据说是有一次乌拉拉突然踩到草坪上的蚂蚁洞，导致马蹄受伤溃疡，后来留下了病根。受过伤的马蹄在跑弯道时，往往吃不住劲。这也是为什么乌拉拉有时跑着跑着，就会偏离主道的原因。

○ 日本的赛马分为两种：一种是由日本中央赛马会主办的中央赛马，另一种是各地自治团体主办的地方赛马。中央赛马场人气足，名骑手配良驹，条件远远超过地方赛马。"日本大赛"的冠军奖最高时多达一亿五千万日元。至于各地的地方赛马则因缺少财政支撑，加上日本经济不景气，大都面临经营危机。不少赛马场只能在马迷的惋惜声中关闭。乌拉拉去的高知赛马场是日本赛马条件最差的地方之一，奖金少，好马都不到这里来。作为一匹赛马，乌拉拉因身材弱小，找不到买主，才以牧场的名义送到高知参赛。如此说来，还没等站上起跑线，乌拉拉就已经尝到了"败阵"滋味。不过，也正因为有高知这样的赛马场，弱小的乌拉拉才有了一个得以生存的空间。尽管败绩连连，毕竟还有赛场可跑。据驯马师宗石说，高知赛马的代管费是全日本最便宜的，如果

换个地方，或许乌拉拉早就被淘汰了。宗石还介绍说，在高知赛马，冠军拿的奖金不过十万日元。走遍全日本也找不到比这更低的。乌拉拉在高知跑完一场通常有六万日元补贴。算下来每年能挣到大约一百二十万日元出场费。一般情况下，一匹马的代管费为一百三四十万日元。假如乌拉拉的体质一年只能勉强跑十五场，即便在高知的马厩，也只有提前退役了。

○ 日本的赛马退役后多改做骑乘。2003年的时候，原马主就曾有过让乌拉拉退役的打算。问驯马师宗石的意见，宗石说，乌拉拉胆子小，就算退下来也不适合做骑乘马，莫不如趁着体力好多跑几场。就因为这么一句话，乌拉拉才有了后来在日本全国扬名的机会。但凡传奇，总离不开口耳相传，在传媒异常发达的今天尤其如此。重松清在《快跑，乌拉拉》中花了不少篇幅写媒体人的反应。据说2003年夏天乌拉拉连败的事之所以能成为日本的热门话题，与高知赛马场的现场直播解说员桥口浩二密不可分。桥口在解说时有个职业习惯，每次实况转播前，都要先查一下那些从未夺冠的赛马的成绩。乌拉拉六十连败之后，桥口开始对这匹马格外留意，这种做法与其说是为马迷提供信息服务，不如说是出于对马主以及马厩工作人员的关注。

○ 重松清在讲述乌拉拉故事时十分谨慎。毕竟，百余场连败，可以从不同的角度解读。作为赛事专用马，为了得胜而奔驰是赛场上的常态，乌拉拉的上场与其他赛马并无两样。不过，换个角度看，参赛一百一十三场比赛，这本身就体现了一种坚持的精神，所以桥口才会特别重视赛马坚持的过程，这过程越是漫长，胜利就越显得可贵。乌拉拉接连败阵，连败纪录也在不断刷新。

○ 桥口的心理是日本文化的典型思维方式，这点从观众的反应也能看出来。赛场上，好像从来没人用是否拿过冠军来质疑乌拉拉作为赛马的价值。乌拉拉的故事，表面上说的是马，实际上说的是人。日本的公司文化在评价人时，也持类似标准。一个人的才能固然值得重视，但一个人是否有韧劲、是否能坚持，更受看重。

○ 乌拉拉的故事中给我留下深刻印象的是驯马师宗石大。当看到乌拉拉从运送马匹的车上走下来的那一刻，宗石大已经明白了自己的使命。他知道乌拉拉既然来到高知马场，肯定不是一匹千里马，他的使命就是如何迁就乌拉拉所有的弱点，不单是迁就乌拉拉赢弱的身材，还要迁就这匹马的脾性——乌拉拉天生有些神经质。骑手出身的宗石在退役做驯马师之前，曾参加过上万次比赛，获得过千余枚奖牌，所以他比谁都明白没有鲜花掌声相伴的滋味。从乌拉拉身上，他看到的是自己。宗石大经营的马厩，是从马主那里领取托管费，代马主照料马匹，所以通常只要马主说一句"这马没用了"，马厩就只能听从吩咐，把马处理掉。不过宗石与寻常驯马师不大一样，只要自己的厩舍还有空位，他总要把接管的马匹养下去。没有托管费，就自己掏腰包，因为他实在不忍看到长年相伴的马离开自己时的那种眼神。这个乌拉拉的"养父"是高知人，高知在日本幕末属"土佐藩"，据说这地方的男人都是"血性汉子"。作为驯马师，宗石也不是没有纠结过，驯马师的工作毕竟是以培训出能"胜"的马为目标，所以宗石对连遭败绩的乌拉拉，心理上定是百味杂陈。他看重的或许正是那种"不管什么比赛都使出全身力气去跑"这一点，比起"胜了多少次"，宗石更在意这马跑过多少里。

○ 故事里还有一个叫藤原的青年，从他身上也反映出了日本人对弱小者的认知。头发染成了茶褐色的藤原，与同龄人一样追求时尚，可他在两次骑手考试中都落榜了，只有选择去做马倌。虽然他更向往风光的骑手，不情愿做马倌，可一想到马倌虽然籍籍无名，毕竟能和心爱的马朝夕相伴，也就安下心来。做马倌很辛苦，藤原却能一直坚持，勤勤恳恳，他和乌拉拉的感情也是最好的。

○ 乌拉拉一直没有获胜，观众也并不期盼奇迹。就像并不指望日本突然间会摆脱不景气的局面一样。连败的故事由此成了众多日本白领们自己的故事。只要平时一步一个脚印努力去做，总会得到相应的评价。多年来日本一直不景气，努力了也看不到回报的人数不胜数。乌拉拉的故事激励日本人，明知和胜利无缘却照旧发奋，大家都相信只要努力了，总会有好转的一天。乌拉拉有一点最为人称道，那就是每当跑至中程必定会制造一次小高潮，有一副拼了命想要赢的架势，但由于耐力不行，最后总是被反超，但中盘跑好了，就算证明了自己的努力，全然不是那种缺乏斗志，甘于落后的马。这就是乌拉拉现象提示的一种生命的辩证法，百连败同时也意味着连续百场的拼搏。重松清也在故事中说："败绩连连的乌拉拉，但她却没有败给'连败'。"

○ 乌拉拉走红之后，不仅催生了各类乌拉拉吉祥物，就连乌拉拉每天刷洗身体掉下的马毛和尾毛、马鬃，都被做成了吉祥护身符热卖。不过，有人批判这种做法有虐待动物的嫌疑，遂停止了贩卖，改用桧木制作绘马发售。这大概是乌拉拉火爆之后引发出的第一个来自媒体的质疑。在百场赛事过后，乌拉拉又生出不少让人意想不到的变故，可惜重松清没有续写。乌拉拉出生之后几易其主，在驯马师宗石手下成名，最后的马主是安西。根据手头能查到的资料显示，安西名美穗子，东京人。曾做过公司文员，后成自由撰稿人，作为马迷写过几本与爱马有关的散文集。还主持经营一家照顾退役赛马余生的"归家俱乐部"。乌拉拉快要退役时，驯马师宗石等人曾与安西商定，计划在 2005 年 3 月为乌拉拉举办最后一场告别赛。不过，这件事后来被安西以乌拉拉健康为由推脱了。

○ 2006 年 10 月，乌拉拉的名字从赛马登录名册中被抹掉，离开了高知。高知的粉丝曾为此发起过乌拉拉回归高知的运动。2009 年夏天，安西打算把乌拉拉送到北海道牧场配种，再生一匹小马。不过据说配种费用高达九百万日元，最终只好放弃。作为最后一任马主，安西在乌拉拉退役等问题上与驯马师宗石常常意见相左。获得马主资格没几天，安西就把乌拉拉注册为商标，计划推出以乌拉拉命名的各类吉祥物、护身符等商品。总之，安西的所作所为几次引发粉丝不满。直到我写下这篇文字时仍没能查证到乌拉拉的具体下落。日本媒体对退役后乌拉拉的去向好像都讳莫如深。

○ 重松清在《快跑，乌拉拉》的开头写下了这么一段关于一种来自加拿大的植物"一枝黄"的逸闻。

　　○秋天。

　　○由高知机场前往赛马场的人，大概都会看到沿途随处开放的一簇簇金色小花一枝黄。

　　○一枝黄原产北美，过去曾深为人们厌恶。只因它生命力旺盛，繁殖力强，由此身罹劫难。有一个时期，人们将其视为"日本景观的灾星"，或诱发花粉症的罪魁，居民全体出动，又是割铲，又是撒药。最后犹觉不解气，干脆

在一枝黄生长繁茂的田边土坎上放起一把火，想要把它烧个干净。

　　○时过境迁，往日的那场风波早已平息。如今一枝黄和狗尾巴草平分秋色，在田边地头点缀着野外风景。这种由美洲漂洋过海来到异国他乡的一枝黄，终于在日本深深扎下了根。

○ 没想到这花倒有如此一段逸闻，好感动啊。我不由得心生感慨。

○ 重松清字里行间流露的那种诗意格外动人，不亚于乌拉拉带给人的感动。花是普通的花，马是普通的马，人是普通的人。赛马场上，并非强马就一定能胜。唯有胜出的马，才称得上是强马，这原本是竞争的逻辑，而乌拉拉让人感动的原因，细究起来，或在于这强者逻辑引发的逆反。现实生活中毕竟不可能人人都是强者，也不可能轮番坐庄胜出。

○ 如此说来，社会的辉煌，正是大多数的弱小者在不经意间创造的。弱小者为了胜出而努力，虽因各种条件限制败下阵来，但这连败过程成就的却是一个社会的辉煌。由此不难想象，一百一十三场连败的乌拉拉，正是日本勤恳劳作的大众的缩影。赛场上的冠军只有一个，可没有同场参赛者的败阵，就不会有冠军的荣耀。从屡败屡战的乌拉拉身上，每个弱小者都能看到自己的影子。

人生罗盘：找到适合自己的路

キャリアキャンパス：自分なりの道を歩こう

张艺 / edit 阴雪婷 / translate 人生罗盘 / photo courtesy

1 "Not in Education, Employment or Training" 的缩写，在日本特指 15～34 岁除学生和家庭主妇外不进行求职活动的无业人群。

2 日本中央省厅之一，相当于我国的"劳动和社会保障部"。

3 数据来自《平成 25 年版 厚生省白皮书》。

□出生于平成元年（1989 年）的作家朝井辽，以自己大学毕业的就职活动为经验创作的小说《何者》，讲述了因为交换找工作的信息而聚集在一起的 5 个大学生的故事。在这本小说中，朝井从根本上怀疑了就职活动："从根本上考虑，我从就职活动中看不到一点意义，为什么所有人都非得在同一时间做起自我分析来呢？再说，自我分析这东西是什么？为谁而做？"《何者》一举指明了围绕着日本年轻人的困境，这本小说也在 2013 年获得了第 148 届直木奖，朝井辽也因此成为了最年轻的直木奖获奖者。

□提到日本的 20 代青年，不知你会有怎样的印象？是"没有目标""安于现状"，还是"食草系""御宅族"和"NEET[1]"呢？从 2013 年日本厚生劳动省[2]的数据来看，日本年轻人中的完全失业率持续升高，4 月通过企业内定而入职的大学毕业生们，其中有很大一部分会在 2 个月内辞职。[3]

□这群自出生以来一直生活在"不景气"中的一代，成长于泡沫经济崩塌后、"终身雇佣制、年功序列"不再起作用的日本，他们在成长过程中萌发出了迥异于他们父辈的多样化的价值观，比起一味地进入大型企业，他们更愿意根据自己的兴趣择业，按照自己的步调生活。虽然出现了不少不工作的 NEET 一族，但根据厚生劳动省的调查，大多数年轻人还是希望能在自己感兴趣的企业有一份稳定的工作。无论怎样，梦想是年轻人的天赋，只有找到适合自己的方向，持续地去发现自己，才能找到生存下去最重要的东西。

□大型人才派遣企业 intelligence 旗下的 DODA 在网络上运营了一个"20 代的工作方式数据库——人生罗盘（career compass）"，他们的一项企划是通过街拍的方式调查采访，呈现当代日本青年关于工作与价值观的"等身大"图景。在个人的具体情境中，20 代的日本青年对于过去一年的自己如何评价，对于自己的职业如何规划，对于自己的未来作何期许呢？

01

Daichi
29 岁

职业：建筑设计

Q1. 给 2013 年的自己打多少分？

80分

做到的事：<u>有效率地推进工作</u>

没做到的事：<u>工作与生活的平衡</u>

⊿ 工作效率很高，而且得以整理自己的内在，接到的案子也多了起来。开始意识到"造物之心"，而不再是简单的劳动。但另一方面却没有关注到自己的私生活。来年，会从工作以外的事情入手，将工作与生活清晰地划分开。

Q2. 目前工作的内容和价值是什么？

⊿ 当初是因为喜欢现在工作的这家公司的作品才进公司的，虽然都是建筑公司，但比起其他公司要更重视设计。在刚进入公司的时候就接到了大量工作，在那些问一问便知道的事情上，我总是自己思考、行动。

Q3. 20 年后的职业规划是什么？

⊿ 回到老家继续我现在的工作。现在，完成后的项目基本上就跟自己没什么关系了。而回到老家，看着自己父亲的身影，和周围自己建造的建筑，会感到很骄傲。我想把在东京看到、学到的东西，返还到自己的家乡。

02

Coco
22 岁

职业：保险公司文员

Q1. 给 2013 年的自己打多少分？

77分

做到的事：<u>将"不可能"的念头成功移除！</u>

没做到的事：<u>结交更多的朋友</u>

⊿ 自从进入社会，无论什么事都不厌其烦地去尝试，今年终于实现了这件事。因为一直和家人、大学时代的朋友在一起生活，我想应该去创造机会扩大交际圈。

Q2. 目前工作的内容和价值是什么？

⊿ 我现在在人寿保险公司的集团公司做文员。主要工作是处理企业咨询及文书管理。比起以前做事，我更能考虑时间分配和做事的优先顺序，感到了自身的成长，工作也更顺利了。

Q3. 20 年后的职业规划是什么？

⊿ 我想开一家自己选品的室内杂货店。将一栋独户的房子的一层作为店面，其余地方可以作为画廊使用。我想先在公司学习关于社会的基础知识，然后自学设计。

03

Nippe
26 岁

职业：汽车设计师

Q1. 给 2013 年的自己打多少分?

65 分

做到的事：扩展了与业务相关的知识

没做到的事：没能做到不惧失败积极进取

△ 进入公司后先是作为实习生在多个部门工作。在这里不仅能做之后被分配的部分工作，而且能学到作为社会人的思考方式。不过，要是当时能更积极地行动就好了。实习后，我将被调到设计的相关部门，在那里，我想更积极地工作。

Q2. 目前工作的内容和价值是什么?

△ 现在，在汽车公司各个部门轮流实习。实习后将做建模师这一职业，就是和设计人员一起将设计师设计的车辆制造成形。现在，我也在其他部门接受培训，有很多新发现，很有意思。

Q3. 20 年后的职业规划是什么?

△ 我想在现在的公司做团队领导，指导后辈们工作。掌握好技术，在领导的位置上，成为团队的主力。

04

Tyannfumi
25 岁

职业：保育员

Q1. 给 2013 年的自己打多少分?

50 分

做到的事：切实地完成每天的目标

没做到的事：工作不够从容，
会情绪化地对待孩子们

△ 能够明确每天的目标，但有时候控制不住自己的情绪，这点需要反省。如果自己不够从容，就会把这种情绪带给孩子们，所以保持轻松的状态很重要。做不到的事情，承认自己做不到就好。

Q2. 目前工作的内容和价值是什么?

△ 我现在一个人负责 0～1 岁的初级班。因为孩子们还不到能开口说话的年龄，所以得通过揣测他们的想法来采取行动。刚开始工作时，特别容易陷入以自我为中心的状态，但三年来我一直负责初级班，对人的生命负责的责任感增强了，也变得能够尊重孩子们的想法了。

Q3. 20 年后的职业规划是什么?

△ 离开带孩子的第一线，担任指导保育员的角色，所以要先负责中高年级。在如今的网络社会，与孩子们面对面交流的机会减少了，我想从保育员的角度来关注这个问题，去创造能够取得交流的环境。

05

Hiro
23 岁

职业：编辑助理

Q1. 给 2013 年的自己打多少分？

50分

做到的事：踏出了实现目标的第一步

没做到的事：独当一面地负责工作

◿ 大学毕业后，看到朋友成为正式员工会感到不安，但是能去自己理想的地方工作对我来说已经跨出了很大的一步了。只是现在还没有被认可，我想紧紧抓住眼前的机会，多多搜集各种各样的信息，成为编辑新书的灵感。

Q2. 目前工作的内容和价值是什么？

◿ 我现在做的主要是收集稿件等案头工作，以及书和杂志两方面的编辑助理工作。进入公司后，我对自己向往的职业有了多方面的了解，感到自己的职业选择是正确的。虽然现在还没有接触到出版的核心内容，但总是带着"能够随时传达信息、如果是自己的话想要出版怎样的书"的意识在工作。

Q3. 20 年后的职业规划是什么？

◿ 我想一直在一线工作。具体来说，想编一些对现在的人来说也容易读的历史小说，或是做时尚杂志的编辑等。为此，在现在的学习时期，我尽量全面地去接触，以内化为自己的东西。另外，我还想掌握排版等与出版相关的技能。

06

大地
27 岁

职业：会计

Q1. 给 2013 年的自己打多少分？

60分

做到的事：作为团队领导受到了客户和后辈的信赖

没做到的事：不能很好地调动团队

◿ 2013 年我被提升为团队领导，运用熟练的英语而受到客户和团队成员的信赖。另一方面，也感到了自身日程管理的松散和知识的不足。今后我不仅要阅读金融的专业书以增加知识深度，当然也想广泛学习市场方面的知识。

Q2. 目前工作的内容和价值是什么？

◿ 我在会计师事务所从事外企审计工作，作为证券公司负责人，检查客户的财务报表。进公司五年了，作为团队领导我会给员工下发指令，向经理汇报业务，用自己的方式调查并回答客户的问题。在得到他们的肯定时，是最令我高兴的。

Q3. 20 年后的职业规划是什么？

◿ 20 年后，我想作为经营企划创立一家风险投资公司。我对以实用的功能和精美的设计来提高生活质量的产品设计领域感兴趣，想和正在做产品设计师的朋友一起做设计的企业顾问。

07

Chihiro

21 岁

职业：综合接待员

Q1. 给 2013 年的自己打多少分?

100分

做到的事：能独立地完成工作

没做到的事：指导后辈

△ 和进公司的第一年相比，工作效率提高了很多。之前得到了很多人的帮助，最近能独立完成工作了，但是还没法为他人提供帮助，所以希望以后能帮到别人。

Q2. 目前工作的内容和价值是什么?

△ 我现在在公司前台处从事入馆人员的管理、会议室等的设施管理，以及电话接待等工作。因为是综合大楼，所以会有各种各样的人前来问询，还挺开心的。前台代表了公司的形象，在任何时候都要笑脸相迎。

Q3. 20 年后的职业规划是什么?

△ 建立家庭，兼顾工作和养育孩子。关于以后想做的工作我还在考虑中，但是，希望在现在的工作中学到的措辞和察言观色，能运用在今后的工作中。

08

Chiaki

职业：营养师

Q1. 给 2013 年的自己打多少分?

70分

做到的事：转行从事烹饪工作

没做到的事：烹饪技术还不到位

△ 以前的工作行政事务繁多，于是去年春季跳槽，实现了在第一线工作的愿望。但自己的烹饪技术还不到位。希望能更熟练地使用菜刀，将菜切得漂漂亮亮的。在私下里也想把料理做得更好。

Q2. 目前工作的内容和价值是什么?

△ 现在在为保育园做伙食、代替母乳的婴儿食品、零食及晚餐。在保持料理的味道清淡、发挥食材原本的味道和将蔬菜切成适合婴儿的大小上下功夫。看到他们将饭菜吃得干干净净，或是听到他们说"真好吃"时，真的非常开心。

Q3. 20 年后的职业规划是什么?

△ 除了烹饪，我还想在菜单上有所安排，现在的菜单变化太少了。我想通过伙食，让孩子们感受到季节的变化。在家里不常吃到的料理可以在学校里和大家一起吃到，我想带给孩子们这样的经验。

09

R.T.
23 岁

职业：程序员

Q1. 给 2013 年的自己打多少分？

60分

做到的事：作为领导完成对团队的整顿

没做到的事：积极地去学习

⊿ 初次成为了开发应用程序的团队领导，有了进行日程管理，以确保团队成员顺利工作的意识。但因工作过于繁忙，觉得自己学习新知识的态度还不够积极。

Q2. 目前工作的内容和价值是什么？

⊿ 我的工作主要是根据客户的需求，开发信息发布类的应用程序，常常要和工程师一起与客户协商、推进项目。当看到自己制作的应用程序出现在应用程序商店，并得到好评的时候，我就感到自己的工作很有价值。

Q3. 20 年后的职业规划是什么？

⊿ 在现在的公司担任课长。作为项目组长首先得拥有比别人站得高、看得远的经验，才能顺利地团结起队伍。我的目标是成为可以被人依赖的人。

10

Mapi
26 岁

职业：证券公司营业员

Q1. 给 2013 年的自己打多少分？

80分

做到的事：完成定额，被后辈敬仰

没做到的事：向梦想挑战

⊿ 每月我都能完成既定的目标，从数字上得以看到工作成果。另外教导后辈，给他们讲解关于商品的知识，感受到了被人依赖的感觉。这是我今年做成的两件事。但我想挑战梦想，充实自己的私生活，因此从这个意义上说我得了 80 分。

Q2. 目前工作的内容和价值是什么？

⊿ 现在主要是向法人提供股票、外币等有价证券的方案。基本上是跑外勤。但由于风险资产给人的印象比较消极，开始会有很多人表现出不安，但当我提出的建议打消了他们的不安时，就会感觉到工作的价值。

Q3. 20 年后的职业规划是什么？

⊿ 在学生时代就想做品牌咨询公司的运营。为了实现这个目标，现在就要锻炼自己的人际交往能力、提高经营技能，并与各种各样的业界人士接触，朝着目标做好现在力所能及的事。为了使困惑和感悟都能对未来有所帮助，我总是做着笔记。

11

Kei

职业：服装采购

Q1. 给 2013 年的自己打多少分？

60分

做到的事：记住了很多品牌名

没做到的事：进口贸易和品牌方面的知识
有所欠缺

◿ 在与客人接触的过程中，自然会接触到很多品牌，不知不觉就记住了品牌名。关于不足的地方，接下来我会利用节假日去一些之前没有去过的地方，多了解新的品牌名。尤其是明年一年，我想多认识一些女性品牌。

Q2. 目前工作的内容和价值是什么？

◿ 我主要负责测量尺寸，发送给网店和关西的分公司。从高中开始我就喜欢服饰，还从静冈到原宿来买衣服，就这样从事了与服饰有关的工作。在原宿，风格相近的店有很多，所以要让顾客成为回头客，需要重视和顾客的交流。

Q3. 20 年后的职业规划是什么？

◿ 独立经营自己的店铺，但想法还没成形。我希望开一家能用上我的经验、经营各种类型商品的新型商店。除了购物，我想为各年龄段的人提供舒适的空间和服务。因此，也想体验一下饮食行业的顾客接待。

12

Megumi
23 岁

职业：配药师

Q1. 给 2013 年的自己打多少分？

80分

做到的事：遇到不错的朋友、找到不错的工作

没做到的事：刚换工作，没有这方面的知识

◿ 在做前一份工作时遇到了无话不谈的同龄朋友，她帮我出了跳槽的主意，这才得以挑战现在的工作。不过，我还没有完全记住药的知识，需要加强一下。除知识外，对待病人的方式很重要，这方面要向前辈学习。不管再忙也要亲切地笑脸相迎，让对方感到安心。

Q2. 目前工作的内容和价值是什么？

◿ 我现在在药店做前台工作。我觉得在这里能很好地平衡工作和生活，而且，如果要在生育后再就业的话，有配药等具体经验会比较好。另外，在工作中时刻要注意如何让身体不好的患者少等一会儿。

Q3. 20 年后的职业规划是什么？

◿ 公司的楼上增加了儿科，因此除了配药，我还想做育儿的咨询工作。另外，指导我的前辈很热心，我想向她学习，成为她那样能带动周围气氛的人。

13
Chinatsu
29 岁

职业：编辑

Q1. 给 2013 年的自己打多少分？

70分

做到的事：工作与生活的平衡

没做到的事：工作上的沟通

△ 接送孩子或周末跟家人一起去游玩，有足够的时间与孩子在一起。但工作上的沟通就不顺利了。为了照顾孩子，我是以按时回家为前提进公司的，所以公司就没有交代给我独立完成的重大任务。但如果能让自己与周围人更密切地交流的话，我希望能够被委以重任。

Q2. 目前工作的内容和价值是什么？

△ 我在做建筑的专业杂志，负责编辑增刊号。这一年，我参与了企划、采访、编辑及杂志制作的流程。经由教授介绍得到了这份工作，在进公司时，上司对我说："希望你成为边抚养孩子边工作的模范。"因为能按时回家，还有足够的时间和孩子在一起，我很满足于这种平衡的生活。

Q3. 20 年后的职业规划是什么？

△ 我现在从事宣传设计者活动的工作，觉得很有意义。但是，为了更好地宣传设计，还需要学习更多。我原先学过设计，慢慢地想去从事设计相关的工作。为确保有足够的时间和家人在一起，我在考虑能在家里独立完成的工作。

14
Miisa

职业：销售

Q1. 给 2013 年的自己打多少分？

70分

做到的事：能很好地接待顾客，并使他们高兴！

没做到的事：做出自己的作品

△ 筷子的种类很多，要一一记住它们的特征很难，但我已经能够向顾客们很好地介绍它们了。进公司时社长劝说"你自己制作筷子怎么样"，但至今也没有做出自己的作品。今年无论如何也得自己试着做！

Q2. 目前工作的内容和价值是什么？

△ 我现在在售卖全国各地职人制造的筷子，记住各自的素材及特征，向客人们提供他们需要的筷子。当老顾客再次光顾并对我说"谢谢"时，我就感到非常高兴。

Q3. 20 年后的职业规划是什么？

△ 我想将职人的传统工艺与服装行业联系起来创造一些东西。现在，我通过研修，在全国各地见习职人们的技术。有的传统工艺因为没有继承者，已经快要消失了，我想让他们的技术被更多人所知。

15

Wataru
21 岁

职业：IT 业营业员

Q1. 给 2013 年的自己打多少分？

50分

做到的事：接触了各种事情

没做到的事：没能专注在每一件事情上

⊿ 按照自己的兴趣得到了参加各种项目的机会，于是参加了很多的项目，吸收了各种知识。但吸收的知识太宽泛而不够深入。

Q2. 目前工作的内容和价值是什么？

⊿ 主要负责网上商城的运营，为商城的店铺做广告和贩卖辅助。在工作中接触了很多人，扩展了人脉，在一起解决课题的过程中，不断解决问题，这是工作中最有价值的地方。

Q3. 20 年后的职业规划是什么？

⊿ 现在被委任了重要的工作，责任也很重大，常常感到力不从心。20 年后，希望能够更加从容，享受工作的乐趣。现在，需要继续扩展人脉，吸收更多未知的知识。

16

Kyana
23 岁

职业：酒店接待

Q1. 给 2013 年的自己打多少分？

60分

做到的事：能灵活应对客人

没做到的事：还无法做到进一步的应对

⊿ 我现在负责宴会现场，对于客人的临时变动能应对自如了，但基本的场面尚能应付，面对复杂一点的情况该如何应对目前还不太清楚。

Q2. 目前工作的内容和价值是什么？

⊿ 在酒店的宴会做会场的运营与客人接待。年初年末、企业活动多的时候非常忙，当客人表达出对会场的满意，度过愉快的时光时，就会感到能做这个工作真是太好了。

Q3. 20 年后的职业规划是什么？

⊿ 在酒店业界，参与婚礼相关的工作。酒店工作是依靠气氛感知顾客的反应、富有魅力的工作。20 年后，希望能升到管理层培养后辈。

17

Kakedahideo
27 岁

职业：人力资源公司营业员

Q1. 给 2013 年的自己打多少分？

65分

做到的事：<u>找到了好的老师</u>

没做到的事：<u>工作上的研究</u>

⊿ 上司给我介绍了他的营业同行，从他身上学到了很多业务上的知识和方法，非常受用。但是，虽然学到了营业方面的知识，却没有学到足够的人力资源方面的知识。只有学习各种知识，变为自己的能量，才能提出更好的方案，希望来年能继续扎扎实实地学习。

Q2. 目前工作的内容和价值是什么？

⊿ 现在的工作主要是听取企业的人才需要，一边将在自己公司的人力资源服务中登陆的求职者与企业的需求联系起来。企业与求职者能够满足对方的条件，定下工作时是最让我开心的时候，在看到入职后的求职者充满希望的表情时也让我非常开心。

Q3. 20 年后的职业规划是什么？

⊿ 在人力资源行业创业，作为人力资源咨询师，与企业的人力部门一起参与招聘活动。充分理解企业人力部门的需求，营造人才与企业相互适应的关系，提出自己的人才录用战略。

18

Ryota
26 岁

职业：保育员

Q1. 给 2013 年的自己打多少分？

80分

做到的事：<u>开始能够从容应对了</u>

没做到的事：<u>不知如何做得更好</u>

⊿ 以前，面对孩子们总是不知所措，今年工作渐渐从容起来，也开始有了作为保育员的自觉。但是在远足那样的活动中，还不知道应该如何处理。

Q2. 目前工作的内容和价值是什么？

⊿ 在保育园负责带 4 岁孩子的班级，除了照顾孩子，还要制作提交到市政府的文件。我一直很喜欢和小朋友一起玩，所以能做现在这份工作很开心。而且，本来我会弹的曲目非常少，现在能弹的曲目增多了，自己也很有成就感。

Q3. 20 年后的职业规划是什么？

⊿ 在工作之余，想花些时间在兴趣上。以后，我想自己开一家咖啡店，悠闲地度过自己的时光。希望 32 岁左右能实现愿望吧，让自己的私生活也充实一些。

向上帝起誓，以此为业

《专业人士的工作方式》

神様に誓って、これを業をもって
『プロフェッショナル　仕事の流儀』

张艺、陈晗 / edit　知日资料室 / picture courtesy

□日本职人精神的动人之处在于他们把职业融入生命之中，秉持着一颗"一生只专心做好一件事"的心，日复一日地重复着同样的工作，沉默而不彷徨，在属于他们的道路上前进。大前研一在《专业主义》一书中对"profess"一词所做的解释是："向上帝起誓，并以此为职业。"这也意味着专业主义者要抛弃个人化的道路，将所谓的意义与价值托付于职业。可以说，职业是一个普通人通达意义的唯一道路。大前研一在看到了专业的力量后，曾经预言："专家阶层的势力迟早会增强，并动摇日本的产业界。"

□2011年，NHK开播了一档记录各行各业的专业人士的节目《专业人士的工作方式》，每一期节目以"file"命名，节目主角的职业包括律师、医生、设计师、小学教师、传统工艺职人等等，记录过程往往长达数月，镜头扫描着这些专业者的日常，透过对这些专业人士的记录，描画出了个人成功的轨迹，同时，也不放过他们在专业之路上的困顿与反复，并且把这些专业者的工作方式放在脑科学者茂木健一郎的目光下进行审视……

□在几个月的漫长记录中，他们在工作中遇到了各种各样的瓶颈，作为行业佼佼者的他们是怎样克服困难迎接挑战的呢？

File 187

战斗中的护理、精神准备的现场

护理福祉师　　和田行男

○ 在日本有超过两百万人患有认知症，也就是俗称的痴呆症，记忆力衰退和行动不受控制，是患有这一症状的危险之处。和田行男是一名拥有国家资格的"护理福祉师"，他的工作就是要帮助患有认知症的患者正常地生活。

○ 与关禁闭、限制活动等传统的对待认知症患者的做法不同，和田行男的信念是："就算有认知症，也要尽量让他们像普通人一样生活。""自己能做到的事情自己做才有活着的价值。"

○ 在和田管理的护理设施内，患有认知症的老人们可以自由地活动，自己做饭，自己打扫卫生，还会自己出门买菜。

○ 和老人们在一起的时候，和田有时会非常的靠近，这样做的理由是他可以通过抚摸他们的身体，或是嗅他们身上的味道，来判断他们的身体状况，比如身体有没有力量，有没有"失禁"等。另外，在设施内，每一个房间的门的设计都是一样的，房间内的电灯拉线也有一定的高度，这样在每一天的生活中，老人们就会去分辨哪一间是自己的房间，也得以在拉电灯时伸展自己的身体。

○ 和田把自己称作："看护老婆婆的战士。"究竟是怎样的经历给了他这样的感悟与信念呢？

○ 和田十八岁时作为车辆修理工进入国铁工作，九年后，他参加了帮助残疾人旅行的活动，被他们的生存状态感动。三十二岁时，他毫不犹豫地辞掉了工作，来到特别养护老人之家学习护理。一年后，他在实习时，看到护理设施中被高高的围栏围起来的床，当他接近患有认知症的老人时，被告知要小心，好像面对的是动物而不是人。

○ 就算是患有认知症也并不代表失去了一切，难道不能像对待正常人一样护理他们吗？十二年后，和田成为了"Group Home"的负责人，在这里他开始让所有的老年人做他们能够自己做的事情。老人们可以自由用刀用火，设施内也不锁门，可以自由出入，但这种做法在当时的业界也遭受了很大的批判。

○ 一次，一位叫作梅田好的老人突然失踪了，两小时后，被警察找到，和田发现失踪后回家的梅田非常的愉快。这两个小时的时间，对于梅田老人来说，成为了不被人监视的自由的两小时。他想，只是保护安全而限制老人行动的做法，就是唯一正确的吗？"不管发生什么，都要守护人的尊严"成为了他坚持的工作方式。

○ 和田每一天都要面对老年人的各种状况，必须时刻保持警惕，他积极去解决各种问题，让人与人之间的关系更加亲密。和田说"他们还有很大的可能性，全看我们如何帮助他们。"

File 194

乐家十五代　乐吉左卫门

○ 乐烧是安土桃山时代的长次郎为千利休烧制的茶碗，是充分体现日本侘寂美学的代表。乐吉左卫门是从长次郎开始代代延续的名字。第十五代乐吉左卫门原名光博，1949 年作为第十四代觉入的长子诞生，青春期时他就决意，在没有下定决心时绝对不做陶瓷。在进入东京艺术大学雕刻系之后，年轻的吉左卫门曾长达数年迷茫到底"制造东西"是什么，自己又是什么，让自己感动的又是什么。在这之后，他去往意大利罗马留学，在这个艺术之都遇见的艺术逐渐改变了吉左卫门。从欧洲回到日本的他开始对茶碗等日本的传统文化产生兴趣，他开始制作"实用的茶碗"。

○ 1981 年，他正式袭名，在京都中心，开始承担起继承乐吉左卫门的重任。乐烧有四百年的历史，他是如何看待传统的呢？"不要违背传统与历史，好好背负着它，做自己的工作。持续不断地工作，会在某一刻突然产生猛地打破墙壁向另一边去的反叛想法，这种能量积累到一定程度会突然大爆发。而像钟摆一样摇摆向前是我的风格。"

○ 乐烧成型前的烧制是最让吉左卫门紧张的两天了，这一过程是吉左卫门的自我意识与自然的一次融合。"自我的意识瞬间消失，在那里，火给予了新的生命，增添了新的表现，自己的'意识'与'自然'非常幸福地结合在了一起。"

○ 他初期的作品十分稳健，但在举办过一次长次郎茶碗展览后，他被长次郎茶碗的美所感动，开始探索打破常规的表现方式，制作着表现强烈的茶碗，比如将茶碗的高台切下，或是将茶碗染成金色、银色等。"如果没有强烈刺激世间的东西，制造物品就没有意义了。"但是，表现之路总是没有尽头，吉左卫门开始发现表现可以是强烈的，但也可能不是这样。在产生这样的怀疑后，他试图制作柔和但又不失存在感，并且能让人长久亲近的茶碗。"我想做有强烈的存在感，同时与自然同化的东西。"他开始避免造型，逃离设计，远离自己曾经的过度表现。

○ 拿起自己过去的作品，他感叹道，表现者总是没有办法回到过去，"不管是二十岁时，还是三十岁时，都只是专注地烧制着自己的现在"。或许人生就是要不断地去追求。三十年来他一直为茶碗应有的样子而战斗着、痛苦着，直到现在。

File 209

天职就是一辈子的专业

鳗鱼职人　　金本兼次郎

○ 从十五岁开始，金本就开始在自家传承了五代的鳗鱼料理名店中工作了，这条路他坚持了七十几年。在东京都内有三家店铺，甚至在巴黎也开了店。2007 年，他被厚生产业省表彰为"现代的名工"。

○ 每天早上五点起床的金本，首先来到厨房将新鲜的鳗鱼切好，亲自看弟子将鱼串好之后，就开始进行第一遍烧制，这一遍会将鳗鱼肉中的油脂烤出来。接着将烤好的鳗鱼放入蒸笼里蒸，这时工作了好几个小时后的金本才开始吃早餐，吃过早餐后，蒸好的鳗鱼，就等着金本进行最关键的第二遍烤制了，在烤之前还要涂上家传配方的酱料。

○ 金本烤出的鳗鱼美味且漂亮，表面金黄泛着透明感。如果烤太久表面就会焦掉，也会失去细嫩的味道，这个微焦的瞬间、难以言说的界限就是金本长久以来所追求的。"我凭着自己的感性在烤鳗鱼，是火盆上的战斗，火的强弱、摆放的位置，这些微妙之处是作为职人必须去追求的。"

○ 金本家的鳗鱼历史悠久，他曾经拼命守望传统，但在时代的潮流面前，他开始对传统做出改变，他去往法国参观法国餐厅，回国后在他的店内引入红酒，开发新的菜品，因此受到不同需求的客人的欢迎。

○ 日本的职人精神向来为人称道，其中最重要的一点就是他们的坚持不懈。金本每天早上五点起床，会在厨房里工作一整天，每个人都会有身体状况不好，或是情绪低落的时候，而金本的原则是不将个人情绪带入厨房，因为虽然对他

来说，做鳗鱼饭是单调的工作，每天都要重复几百次，但是对于客人来说，端上桌来的这一条鳗鱼是独一无二的。

○ 职人之所以被称为职人除了专业技能外，还在于工作的美感与心态，在切鳗鱼时是否站直，刀子有没有划出美丽的弧线都是金本在意的地方。对待职业，金本并不把它当作"劳作"，而是理解每一项工作背后的意义。

○ 关于专业精神，金本说："不管是八十岁、九十岁，还是一百岁，作为职人，一流的专业是不管何时何地都抱有'追求心'。不能成为被人爱戴的人是很可怜的。"

茂木健一郎的大脑活用术

茂木 健一郎

日本著名的脑科学家、庆应大学特任教授，也是《专业人士的工作方式》的解说员之一，在脑科学领域提出过许多有趣观点，比如"AHA法"和"安全基地"理论。

茂木认为，在这个急速发展变化的时代，人们对未来的不安也日益加剧。为了能从容地应对未知变化，以及更具难度的工作挑战，需要我们更充分地发挥人脑的潜力。以此为目的，他编写一本《专业人士的脑活用术》，是基于《专业人士的工作方式》节目中采访的专业人士，精心挑选出对一般读者来说也具备实用性的专业人士的"工作术"及"生活方式"，并加以自己从脑科学角度的解读。

如何"灵光闪现"

〇 茂木说，"灵光闪现"并非什么特别才能，只不过是脑内前额叶与颞叶之间回路沟通的问题，换言之就是"意愿"乘以"经验"。只要有了这两点，并做好"乘法"，任谁都能创意层出不穷。

〇 不过，这种"乘法"的运行是脑的工作，我们能做的，只是找到有效方法促进它的运行。根据一百位专业人士的经验，茂木总结出几种最能促进创意产生的方法：

❶ 利用一些"感觉隔离场所"（飞机上、出租车中、厕所里等）。

❷ 时而"放空"，无意识状态下更激发灵感；善用"睡眠"，绞尽脑汁也无收获时不如睡一觉，睡眠中脑会自动整理信息，好点子有时就在醒来时产生。

❸ "机会只给有准备的人"，创意有时也靠运气，为了在运气到来时能牢牢抓住，需时刻做好心理准备。

❹ 多接触不同领域的人和事，"跨界"有利于弥补脑内既有信息的不足，使其重新整合并激发新鲜想法。

❺ 既然"创意不是凭空出现，而是脑内信息整合的产物"，与其在书桌前搜集二手信息，不如去"现场"搜集第一手信息。

❻ 利用言语对脑的暗示作用，将"想法"言语化。

如何"攻克难关"

〇 茂木健一郎说："人在紧要关头能否克服巨大压力，顺利发挥全部实力的关键，在于能否利用好现有'材料'，即'经验'的累积。"《专业人士的工作方式》中采访过的专业人士，大多经历过重重挫败和无法想象的困境，而从这些困境中浴火重生的他们，愈发掌握了克服压力、突破困境的方法，这即是"经验"的作用。茂木将这些"方法"做出总结：

❶ 找到让自己切换到"火力全开模式"的开关，这个开关是你在每次进入状态前的一个固定模式，它可能是某种固定食物、某个固定行为，养成这种固定"开关"十分重要。

❷ 脑不止接受五感的刺激，同时也接受来自全身神经以及"第六感"的影响，因此每欲切换到战斗模式时，做固定的肢体动作或听固定的音乐也有助益（比如宫崎骏工作时会听瓦格纳）。

❸ 有时胡乱尝试一气反而会蒙混过关。茂木说人脑有一种"节能模式"，当做惯常举动时大脑便自动进入这种模式，神经细胞不够活跃，便很难突破难关。而此时若做些反常行为，反会刺激脑神经的活性化。

❹ 利用自身的"劣等感"来更加努力地完善自己。

❺ 体育训练中常用"超负荷理论"，即在平时多挑战难度较大的事情，如此当困难来临，自己已做好充足准备。

❻ 愈是紧要关头，愈要笑容以对，笑也有助于大脑的活性化。

❼ 时间限制固然重要，但在特殊情况下，"创造性地延期"也有利于减轻压力并更好地解决问题。

❽ 愈紧张时愈要给脑部放松。

如何"提高干劲"

○ 现在的日本职场中抱怨"干劲不足"的人不在少数，茂木针对这种情况也总结了专业人士们在"提高干劲"时采用的方法，比如：

❶ 树立偶像，用偶像激励自己前进。

❷ 自我鼓励增加"自信"，自信不足是失去干劲的重要原因。

❸ 茂木认为"自由"的感觉是提高干劲的关键，所以要将工作视为自己主动想做，而非被动强制的。

❹ 应追求在做事过程中尽力传达出心意，被人理解也有助于提高干劲。

❺ 拥有自己的"安全基地"，可以是家人、恋人甚至是一份回忆。茂木说："正因有'安全基地'的存在，才敢向未知的世界挑战。""安全基地"就是你的能量来源。

如何"乐在其中"

○ 茂木认为"享受工作"才能增加创造力，与"创意常在一个人时产生"不同的是，创造力往往会在与人交际当中被激发。那么该如何"享受工作、提升创造力"呢？茂木总结了专业人士们的做法：

❶ 时刻保持孩童般的好奇心。

❷ "开放式结局"——即使完成了也不轻易满足，尝试多种领域令大脑始终保持新鲜活力。

❸ 坚定目标不动摇，茂木发现专业人士们"内心里都有一颗北斗星"。

❹ 养成独立思考、灵活应变的能力，不要时时以"规范说明"为准。

❺ 对自己的行为始终保有"超我意识"，即从第三者角度来自我认识和反省。

❻ "熟能生巧"，从脑科学上说，人脑形成一个新的"模型"需要两周时间，两周内不断练习，两周后定有所获。

如何"突破制约"

○ 现代社会赋予人们更多的可能性、更多的选择，与之伴随的是更多的制约与压力。"有些人被制约压得一蹶不振，有些人却以制约为跳板飞得更高。"而后者之所以能更好地与"制约"相处，源于他们独特的思考方式：

❶ 渴求巨大成功之前，先积累微小的成功，反复的微小成功也有助于大脑的成长。

❷ 失败是财富，总结失败经验才能更靠近成功。

❸ 打破既有观念和惯性思维，不论多么理所当然的事也要保持怀疑。

❹ 作为领导者，需塑造无法撼动的领导形象，强化自身存在感。如前所述，人脑中有自动维持"确定性"与"不确定性"的平衡的机制，"安全基地"越可靠，越能勇于挑战未知领域。在团队中"领导"就是队员的"安全基地"。

❺ 忠于自我，自然而然，不矫饰也不勉强，才不会给大脑增加多余负担。

❻ 作为领导者，与团队成员一同分享"梦想"，保证大家在同一"频率"也至关重要。

○ 人类自古以来就在追求"让脑子更好用"的方法，然而这种方法当然无法一言以蔽之。不过茂木认为："在某种情况下，进行一些尝试确实能令脑比平时更为灵活。"纵观历史，人类在任何时代、任何条件制约下都曾发挥出惊人的创造力，单凭这一点，就已说明我们的脑有着无穷的、亟待开发的潜力。茂木健一郎的大脑活用术，正是集合了百位专业人士经验之精华的"头脑开发指南"。

《生之欲》：这个世界值得享受

『 生 き る 』： こ の 世 界 は 享 受 す る 価 値 が あ る

20

徐昊辰 / text　知日资料室 / picture courtesy

「生命多短促，少女快谈恋爱吧。

趁红唇还没褪色前，趁热情还没变冷，

谁都不知明天事，谁都不知明天事；

生命多短促，少女快谈恋爱吧，

趁黑发还没褪色前，趁爱情火焰还没熄灭，

今天一去不复来，今天一去不复来……」

○ 这是黑泽明旷世名作《生之欲》（生きる）中反复使用的一首歌曲。当影片的男主人公渡边被宣告患有胃癌时，他看似"平凡"的人生开始发生了巨大的变化。渡边这个"被动体"从一开始的惊慌失措到最后幸福走完人生之间究竟发生了什么，黑泽明用其独特的"影像魔力"告诉了世人。《生之欲》所想表达的生存之道和"大和樱花魂"非常匹配，而这种精神也正在被更多的人接受、认可。

○ 首先，《生之欲》这部探讨"生死"的电影非常"轻描淡写"地讲述了主人公的死亡，这本身就是黑泽明独到的地方。电影被"渡边之死"分成两段，上半部中，黑泽明用了当时很多新导演都热爱的"蒙太奇"手法讲述了渡边从"被宣告"开始如何认识到"生的意义"的过程，当观众们都以为之后的剧情将进入"渡边如何活出生命的意义"时，黑泽明突然间宣告了"渡边的死亡"，进入了之后长达一个小时的"葬礼后"，这个片段也被后人誉为黑泽明电影中最经典的场面之一。整部电影中，看似一部"生"与"死"应该同等地位的作品，"死亡"所占的比例远远小于"生存"，这或许也是日本人独有的"生死观"造成的。在很多日本人看来，只要能在自己的人生中活出属于自己的生命意义，那这一辈子也就足够满足了。"死"只是一个人生命旅程中的一个"时点"。除了象征着"生命结束"之外，"死"对于一个人的人生旅程没有太大的影响。而活着的那长达几十年的岁月里，你可以寻找到太多属于自己的欢乐，而这里的欢乐并不是所谓"从世人眼里看到的快乐"，这里的欢乐完全属于每一个个体，每一个个体其生命的意义都不同。抛开一切来看，所谓做"恶事"的人，未必就没有属于自己的快乐，2012年的日本电影《恶之教典》就对这个观点做了很好的探究。而那些所谓一直"行善除恶"的人也未必一定会快乐，那些被世间定义为"善事"的事物或许并非是他们最想要得到的东西，或许那些在"善事"背后的事物才是他们自己的最爱。每个人的人生或多或少都有"灿烂"的一面，所以日本人喜欢"樱花"，盛开时绚丽多彩，散落时亦是那么的从容潇洒，人生就应该像"樱"那样，把"死"抛到脑后，享受自己最幸福的人生。

○ 再回到《生之欲》最精彩的第二部分，黑泽明用"突然死亡法"把渡边送走，之后通过大量的回闪把渡边最后的人生片段串联在了一起。大多数人都很不解为什么渡边会在自己人生最后的时光中选择助人为乐，这一系列的"不解"或许可以理解为每个人对"生活"的理解是完全不同的。当然这并非是黑泽明要告诉我们的全部，此时黑泽明的又一个

电影开端极力描绘了作为市民科科长的主人公渡边无聊的人生和周遭的人得过且过的态度。

"想要保住地位最好什么都不做。但是这样真的对吗？"

「只是混时间，不能算是活着。」

渡边得知自己身患胃癌，开始反复回忆自己的人生，他感到很不甘心。

「如果你的生命还剩半年，你会如何度过？」

在生命的最后，渡边去了赌场、酒吧、舞厅试图重新「享受生命」，但却发现这种「世间的快乐」，并不是他所想要的。

"生死观"也露出了水面：人的一生到底存不存在所谓的"生命的意义"？之前说了日本人大多数把"死"这个词远离生活地抛开，用自己的努力尽情享受人生，这是黑泽明对"死"的解释，但这并不意味着他就一定单方面地对"生存"持肯定评价。"生存的意义"到底在哪里，从那些参加渡边葬礼的人口中我们似乎找不到任何答案，他们之所以肯定渡边，只是因为渡边做了一件"世人普遍认可"的好事，就渡边这个人而言，他们依旧充满疑问，这也是黑泽明向观众提出的问题。或许人的一辈子就像电影里的回闪镜头一样，模模糊糊地来，模模糊糊地去。大多数人的一生只是为了自己能够好好地活在这个世界上而奋斗，究其根本或许没有任何所谓的意义。但细心的人肯定会发现，在葬礼后的那段时间内，有一张脸一直微笑看着在场的所有人，那就是那副挂在墙上的渡边遗照。照片里的渡边淡定地看着所有的人，似乎有一种高高在上的感觉。这或许就是黑泽明给观众的那份属于他自己的答案：这个世界值得你去超出自我地好好享受。其实，这个观点也在去年的日本电影《辉夜姬物语》得到了很好的诠释，巨匠导演高畑勋针对日本民间寓言《竹取物语》提出了一个让全世界的人都值得思考的问题：影片中的"辉夜姬"想按照自己的意愿生活（罪）

却伤害到了周围的人（罚）。罪与罚的故事其实一直在我们身边发生着，但就是这么一个不完美的世界中，它依旧存在着太多值得人们留恋的地方，高畑勋在以"辉夜姬"的"遭遇"告诉世人世间之美好、生命之意义。看似极度悲伤的道别，实则是一则"燃烧"物语。大和民族对于生活的理解早已超越了"生死间的警戒线"，一而再，再而三地拍摄励志物语，或许没有别的目的，为的只是让人看到所谓的生命的意义。人类文明经历了几千年的洗礼，思想革命经历了一波又一波的革新浪潮，"向上"的思想依旧是主流。60年代那首红遍全球的坂本九名曲《向上前进》说出的就是日本民族的普世价值观。从黑泽明到高畑勋，日本的电影巨匠们一直对这个世界充满着美好的憧憬，因为或许正是这个"世界"给了他们拍摄电影的机会，给了他们成为历史名人的可能性，所以在他们的电影中"生"之"欲"是不可动摇的。大和民族也正是靠着这股对生活的乐观，才一次又一次给这个世界创造出了宝贵的物质财富以及精神财富。让我们尽情燃烧，好好享受这被赐予的"100年"吧。

渡边的守灵之夜，同事们的回忆一点点地揭示了渡边生命的最后五个月。

在这五个月中，渡边克服重重困难为市民们建造了一个小公园。

在渡边生命的最后，天下着雪，他坐在公园的秋千上，哼唱着那首歌曲《生命是短暂的》。

逐梦到底

阅读四种执着的人生

終 わ る ま で 夢 を 追 う 　 四 つ の 執 着 な 人 生 を 読 む

陈晗 /text　王木星 / photo

一冊の手帳で
夢は必ずかなう
なりたい自分になるシンプルな方法

熊谷正寿　GMOインターネット株式会社
代表取締役会長兼社長

かんき出版

五体不満足
乙武洋匡

講談社

僕の死に方
エンディングダイアリー 500日

金子哲雄

流通ジャーナリスト 金子哲雄

小学館

奇跡のリンゴ

「絶対不可能」を
覆した農家
木村秋則の記録

石川拓治 著

NHK「プロフェッショナル
仕事の流儀」制作班＝監修

幻冬舎文庫

奇迹的苹果
奇跡のリンゴ

将不可能变为可能的人
木村秋则

《奇迹的苹果》
石川拓治 著
幻冬舍
2011 年 4 月

◇ 2006 年，日本 NHK 系列访谈纪录片《专业人士的工作方式》（プロフェッショナル 仕事の流儀）曾做过一期节目，采访了一位农人。他自己不承认是种苹果的，但他却拥有几百棵苹果树，年复一年尝试无农药无肥料的"自然农法"，第十年才终于收获两个苹果，他就是木村秋则。

◇ 苹果，是一种特别的作物。现在的苹果大多是改良品种，早已不是过去野生于天地间的果子，市面上的农业教科书，无不教导农民如何施肥、如何施农药、如何除草，才能收获美丽甘甜的果实。而木村秋则，是第一个想要种出无农药无肥料的苹果，而且获得了成功的人。九年的失败，九年的不懈尝试，九年的等待……九年间一直被打击、嘲笑："你是傻瓜吗？这样种苹果怎么可能成功？"木村咧嘴一笑："我就是傻瓜。"或许是傻瓜的坚持感动了果树，在第十年发生了奇迹。

◇ 木村二十几岁时，倒插门做了入赘女婿，跟了妻家改姓木村。妻子家里种植苹果树，有三块苹果地，加上木村的"陪嫁"总共四块。妻子对农药过敏，

每年到了洒农药的季节，就会生病。于是，木村开始想办法解决这件事。他经常到书店站着翻阅书籍资料，有一次不小心把架上一本书碰落，书脏了，不得已买了下来。没想到的是，这本书竟成了他人生的重大转折。那本书是福冈正信著的《自然农法》，书里记述了无农药、无肥料、无除草的农作物自然种植方法。木村惊觉，原来还可以这样种！

◇ 木村对水稻和蔬菜尝试进行了无药无肥的栽培，轻而易举就获得了成功。但他也知道，种苹果，没那么容易。改良过的苹果就像温室里的花，经不起风吹雨打，经不起病虫侵害。面对这个现实，木村没有退缩。他决心要将"不可能"变为"可能"，因为他一心觉得，自然种植的苹果才符合这世界原本的规律，没有不成功的道理。

◇ 第一年，他只在自己的那块地上尝试，无果，因为一片地的可实验果树有限；第二年，他将实验范围扩大到两块地，仍旧失败；第三年，四块苹果地都不再使用农药和肥料，唯一的收获是肆意泛滥的害虫。一年年过去，为了这片颗粒无收的苹果树，木村花光了家里所有积蓄，卖掉了所有能卖的东西，甚至卖掉了"自然栽培"试验成功的、一家老小赖以为生的稻田。没有钱交水电费和孩子的学费，木村四处借债，为了维持生计每年冬天都要去东京打短工，站在街上替店家招揽生意，晚上睡公园。妻子会拔田里的杂草来为全家做饭。木村的老母亲有时把做好的晚饭放在他家门口，一声不吭地离开。乡邻对他们充满议论，给木村冠以各种难听的绰号，木村全家不发一言。原本爱笑的木村，整天一张苦瓜脸，当时不过三十几岁，眼神却像个沧桑老人。

◇ 但他还是不想放弃。稻子蔬菜都成功了，苹果树也一定可以。可是多年过去，果树不仅没结过一个

果子，叶子也逐渐枯萎掉落，八百棵苹果树几乎要因病虫害损失殆尽，全家人用尽种种办法，也无法阻止它们的衰弱。木村终于被巨大的无力感侵袭，他向果树低下了头，祈求它不用结出果子，只求它别再枯萎下去。"这些年的拼命，家人的包容与艰难忍耐，到底都是为了什么？自己这些年，到底做了什么？"他不禁自问。他一度坚信进行无农药苹果栽培是他的天命，是他此生的意义。现在，他的梦碎了，活着也无意义。他将三根草绳合为一根结实的绳子，拎着进了山里，想找个没人发现的地方自我了断，用这种方式向家人道歉，让噩梦结束。

◇ 终于登上了山顶，他俯瞰山下的夜色，第一次发现自己居住的地方这么美。一回头，突然看见一棵在月光下熠熠闪烁的苹果树？他一惊，为什么山里有苹果树？快步走近一看是橡树。但在这深山老林里，一株橡树能生长得这么枝繁叶茂也实在不可思议。木村瞬间忘了寻死，立即研究起这棵树来。同样的光照，同样的无药无肥，同样的依天命，为何这棵树能存活？他蹲下来苦苦思索，扒起了地上的土，土格外松软……是土！他像受了天启一般，明白了"土壤"在果树生长中至关重要的意义。

◇ 不单是土壤，还有整个生态系统。他意识到自然界中没有任何一种生物能够孤立存在，万物相生相克，生命的力量相互传递和影响，才成就了一个完整和谐的自然。

◇ "既然想死，那就在死之前再当一次傻瓜吧。"此时的木村已无所畏惧。从此他开始致力于改善土壤，种植大豆增加土壤营养；给几百棵果树喷醋杀菌全靠人工，即便全部喷完要花数日，也禁止使用会轧坏土壤的喷雾车；减少除草，让整个园内的植物和各种昆虫自然生存。在这样一片浑然天成的生态系统里，木村的苹果树们，终于在第十个年头，开了七朵花，结出了两个果子。

◇ 第十一年春，果树开满白花，秋天顺利丰收。但最初几年销售困难，自然栽培法结出的苹果，个头不大、形状不整齐，个别年份甚至全都不甜，售价极低。多亏有些目睹过木村这十年努力的人，成了他的忠实顾客，即使今年的不好吃，来年也继续买。木村曾说过："努力结出苹果的是苹果树，支撑着苹果树的是大自然，而支撑着我不放弃的，是那些人。"那些人里，有锲而不舍向他买苹果的顾客，也有在他交不起水电费时悄悄替他垫付的朋友，有怕喷农药时污染到木村的树而把紧挨木村果园的自家果树砍掉的邻居，还有贷款给他的银行行长，曾拒绝他来还钱，理由是："现在还了，你们家吃什么？"

◇ 全家一起为了他的梦想饥寒交迫的时期，他不是没说过放弃，女儿却第一个站出来反对："现在放弃，这些年的努力不是都白费了？"

◇ NHK 播出木村秋则的故事时，距离他最开始无农药栽培苹果，已有 30 年。他有了名气，东京的一家法国餐厅用木村的苹果特制的苹果浓汤已被预约到了半年以后。

◇ 很多人慕名前来参观他的苹果园，询问他种植出奇迹的苹果的秘密，他说"心"是一切。他和果树聊天，为果树打气，果树结出果子时和果树一起喝酒庆祝。当然，奇迹的苹果的成功原因绝不仅限于此，更重要的是木村的信念。他从未放弃探索、尝试，他坚信顺应天意、回归自然才是真理，才是这个浮躁的时代所需，无论有多少人说他傻，他都坚持要献给世界一个"真正"的苹果。

◇ 有人问："怎样才能成功？"木村说："当一次傻瓜吧。"

五体不全
五体不满足

因为我无手无脚
乙武洋匡

《五体不全》
乙武洋匡 著
讲谈社
1998 年 10 月

"下次，我绝对还是第一！"

"不可能！不管怎样我也要赢你。"

"你赢不了我。我有一个不可战胜的法宝。"

"是什么？学习吗？我会比你更用功。"

"不，不是学习。"

"那是什么？"

"是我没有手和脚！"

◇ 出生那天，接生人员都吓了一跳，他真像一颗小肉丸子，因为，他无手无脚。医院不敢让他母亲看到，怕她承受不住，于是谎称婴儿"黄疸严重"，需要隔离观察。时隔一个月，才终于肯让母亲见他。母子相见那一刻，所有医护人员都屏住呼吸。以为母亲会哭泣、悲痛甚至精神失常，但她一见到他，就笑着说："我可爱的宝贝。"

◇ 这一句话，仿佛奠定了他乐观的人生基调。父母、老师、伙伴包括他自己，都从未将他看作一个残疾人。他和所有同龄孩子一样上学。所到的每一所学校里，他都是活跃分子、"风云人物"。孩子王、

打架王、文化执行委员长、运球高手、副导演、早稻田大学英语演讲比赛冠军、早稻田大学《无障碍建设建议书》起草者、"从无障碍到通用设计"研讨会执行委员长、知名演讲家……别人问他为什么不可战胜，他骄傲地说："因为我无手无脚。"

◇ 他是乙武洋匡。

◇ 从小乙武的好胜心就很强，幼儿园时坐在轮椅上也能对一帮跟随他的小朋友发号施令。小学时遇见两位恩师，第一位老师让他明白自己毫无"特别"，教他和其他同学一样自己的事自己做，万不得已再寻求帮助；第二位老师让他意识到自己的"特别"之处，引导他去发现这个世界上只有他能做并做好的事。缺少四肢也无法阻拦他对运动的热情，跑步、游泳、爬山、踢球，也参加比赛。爬山时山势过于险峻他也退缩过，但班主任和班里男生们轮流又推又搬，硬是把乙武连人带轮椅弄到了山顶。有些运动的规则对乙武来说是不可能的任务，老师同学会重新制定一套"乙武规则"。无论如何，大家一起做的事，乙武从未被落下。

◇ 初中乙武当选学校文化执行委员长，肩负重任，带领大家筹办校园文化节、运动节等一切活动，同时加入篮球俱乐部，刻苦训练之后居然成了队里的"秘密武器"。在学校小有名气的他，开始收到女生的情书。高中一入校就加入橄榄球俱乐部，高二担任副导演和同学一起拍电影。

◇ 乙武从来都是个不乏梦想的人。小学二年级想当棒球手，三四年级想当象棋选手，六年级想当美国总统。初中想当律师，源于母亲一句挖苦："你那么爱和人吵架又好胜，干脆去当律师吧。"高中快

毕业时，乙武意识到自己想当律师只是为了挣大把钱并出尽风头，说白了就是虚荣。于是他开始彷徨起来，自己究竟想做什么，上大学到底有没有意义。朋友的一句话点醒了他："为了实现自己的理想，在大学中学习相应的专业，这自然很好，可是，为了日后找到一个自己的理想而上大学，不是也很好吗？"既然要上，就上最想去的学校，这是乙武的一贯作风。于是，200 分满分的数学考试只拿过 7 分的他，毅然决然地将目标锁定为早稻田大学。目标看似遥不可及，但他是乙武洋匡，当他铁了心要干成一件事，全世界都会让路。靠着他异于常人的毅力和坚韧，仅仅几个月内他的成绩就大幅上升，最终不仅顺利通过早大入学考试，而且所申五个院系，全部通过。

◇ 进了早稻田大学后的乙武也没闲着，一入学便参加学校英语演讲赛，原本英语较差的他经过突击练习居然获得冠军。不甘于大学里一般性社团活动的他，开始思考自己能否做些更实际、更有利于社会的事。乙武说过："在各式各样的职业中，如果没有适合你的，你完全可以自己去创造职业。如果没这种志气，你就做不成事；如果你对所做之事不是由衷热爱，你就不会有职业自豪感。社会也许不那么偏爱你，你也对你的职业很无奈，你怨天尤人……对不起，这都是你自己的原因。"

◇ 这时他正视起自身的残疾，但从未自怜自艾。乙武认为："身体的残疾只是身体的特征。"他发现无手无脚反倒成了他的"优势"，这世上确实有一件只有他能做并做好的事——为残疾群体发声。在发现早稻田大学无障碍设施不健全之后，他起草了一份《无障碍建设建议书》，这也是他至今仍引以为豪的经历之一。之后又担任"从无障碍到通用设计"研讨会执行委员长，旨在为建立一个适合残疾人居住的全新世界提出各种构想。报纸、电视开始报道他的事迹，他也收到来自日本全国越来越多的演讲邀请，现在，演讲已成了他的主要工作之一。被他打动的人不计其数，其中也有小学生。有一天他在街头遇见一群小学生，其中有几个小孩看见他的样子都叫嚷着"好恶心""真奇怪"，只有一个小孩，他看着乙武微微一笑，和其他孩子说："我觉得很好啊。"乙武猜测，那小孩或许听过他前阵子在附近小学的演讲："我的 15 分钟的演讲打动了一个孩子的心，他明白了我的心情，明白了一个残疾人的愿望，他对于残疾人有了不同于其他同龄人的理解，还有什么比这更令人高兴的事呢？"

◇ "洋，太平洋；匡，匡救世界。"乙武洋匡的名字是他父亲起的，父亲希望他有一颗太平洋一样宽广的心和匡救世界的壮志。在推进无障碍建设事业过程中，他愈发意识到"环境无障碍"只是其一，更重要的是"心灵无障碍"。不论在任何国家，只有消除多数群体对少数群体的误解、不尊重、排斥、盲目怜悯等心灵障碍，才能为包括残疾人群在内的所有人类、所有族群，建造一个更美好的世界。而这也是每一个国家社会文明进步程度的重要标志。

我的死亡方式
最后 500 天日记
僕の死に方　エンディングダイアリー　500 日

用自己的努力让大家开心
金子哲雄

《我的死亡方式
——最后 500 天日记》
金子哲雄 著
小学館
2012 年 11 月

◇"数学这么有趣，你怎么愁眉苦脸？"

◇ 在上高二的某一天，金子哲雄被班里一个数学天才这样问道。

◇ 本来他的数学还算不错，但在"把做数学题当享受"的天才面前，还是面露难色。那一刻，他意识到一件事：

◇"在自己真正喜欢并擅长的领域，才有可能胜出。"

◇ 那么，金子哲雄真正喜欢做的是什么？

◇ 从小，金子哲雄就是个"省钱"爱好者，喜欢货比三家。金子很小的时候，便常被母亲派去买东西，并默许他留下每次的找零钱做跑腿费。然而精明的母亲给他的钱总是很少有余，金子便开始研究如何用更少的钱买到母亲要的东西。比如努力收集超市传单，研究各家促销信息，将每种商品在每家店铺的价位牢记于心，甚至通过看新闻等途径预测食材价格走向……这便是他日后成为日本的价格资讯达人、知名流通记者的重要起点。

◇ 高中时他成为了高中同学里的"低价代购专家"和人工"价格 .com"。因为他常跑去秋叶原考察商品价格，每次去都带一个小本子悄悄记录，足足记了几十本。升入庆应大学的金子哲雄，为了成为一个向大家"传播最优信息"的评论家，选了文学部。大三时他却想尝试一下上班族的工作，先在社会中磨炼和积累经验，为日后独立作准备。"文学部"出身在大企业的就职活动中并无优势，但金子想，如果连面试官都无法打动，日后如何当一个有说服力的评论家呢。他投了 1000 份简历，接到 300 份面试机会，最终通过的有 5 家公司。并且，因为参加面试每家公司都会发 1 000 日元左右的交通补贴，他便想办法将多家同区域公司的面试安排到同一天，这样就只需花一份交通费，一天面试几家公司下来，反倒有了几千日元的收入。

◇ 5 份 offer 里，他选了一家石油公司。原因是，想成为向大众"传播最优信息"的人，最好先做独立咨询师，做咨询师就需要客户，想独立就需资金支持，于是，能够接触到许多资产丰厚的大客户的石油公司是最佳选择。在工作中，他明白了"经商的重点就是取悦顾客"，金子发现，"让别人开心"或者说"取悦"别人，是他本就喜欢做的事。无论是小时候帮母亲购物省钱，高中替朋友低价代购，还是在石油公司帮社长的孙子补课，看到这些人因自己而喜悦，他的内心就有说不出的满足。原来，这就是他喜欢且擅长的事——"用自己的努力让大家开心"。

◇ 社长为答谢他对孙子的帮助，给他介绍了许多演讲机会，主题大多关于"如何花最少的钱来经营好公司"这类话题，演讲次数多了，逐渐有了商业杂志前来约稿，在杂志里他首次使用"流通记者"的称谓。作为"流通记者"小有名气后，他在 35 岁时加入了日本知名经纪公司，随后便获得在他很喜爱的《女性 7》杂志上撰稿的机会，他的第一篇稿子的主题是"超市聪明活用法"，因符合该杂志目标读者的喜好，一跃成为当期读者票选第一名。杂志一发售他就自己买了几十本，跑到广播电视局休息室去把杂志摆在那里，并在自己的那篇夹上标签，这样电视局工作人员翻杂志时可能会想"这篇应该很有趣才有人做了标记吧"，然后就读一读。果然没过多久，节目组的邀约便纷至沓来。

◇ 就这样，金子哲雄如愿以偿地成为了电视节目里的评论家，兼做广播节目，每天夜以继日地工作，连喘气的时间都没有，但他深知"做喜欢的事再累也幸福"。妻子稚子调侃他："只有骨折才能让你停下来吧。"

◇ 努力规划好人生每一步，终获理想事业的金子哲雄，家庭幸福美满，事业如日中天。只是有一件事，不在他的规划之中。

◇ 2011 年 6 月中旬，久咳不见好转的金子，去医院做检查，被确诊为"肺部类癌瘤"。该病患病率为十万分之一，而他所患的是更为特殊的组织型，患病率仅为千万分之一。针对癌症的三种基本方法——外科手术、化疗、放射疗法，对此病症全无作用。去了东京数家大型医院，所有医生都面无表情地告知："没办法，治不了。"言下之意是"你只有等死"。他不放弃，终经朋友介绍来到大阪一家采用新型疗法的 IGT 诊所，其创办者堀医生见到他的第一句话是："咳嗽，很痛苦吧？"自确诊以来，他第一次流下眼泪。因这之前见过的所有医生，都将他看成一个没有治疗价值的"物品"，而非一个在病痛与恐惧中煎熬着的渴望活下去的人。

◇ 在堀医生的诊所接受治疗期间，金子仍未停止工作。周围人劝他至少节制一些，但面对繁多的工作邀请他还是无法拒绝，无法拒绝的理由有三点 1. "我想工作到生命的最后一刻。""工作就是我的生命。如果为了治疗放弃工作，我就不再是我，就会渐渐失去活着的意义。" 2. 只有在工作时他才充满活力，不用直面死亡，忘记病痛和恐惧。消极想法越少，努力生存下去的意志就越强。每次出工他都抱着"说不定是此生最后一次"的念头全力以赴，完成工作后那种痛快淋漓的感觉令他十分享受。3. 为了不给大家添麻烦，他至死未将自己患病的消息公开，仅极少数人知道。因此工作来时也找不到合适理由拒绝。

每次不得不向朋友和工作单位说谎拒绝邀约时，他的内心都很痛苦。

◇ 2012 年 4 月开始金子哲雄加入了一个新的节目《永不止息》，为在节目上呈现焕然一新的形象，他去西服店重新买了六套款式新颖的西服，他认为在节目上要不断展现新元素才能吸引观众，并且多买几套新西服，"仿佛就能一直一直地工作下去"。

◇ 5 月开始，他的体力严重衰退，工作逐渐减少。开始在家治疗养病，虽是养病期间，每日仍坚持通过各种渠道搜集最新信息，即使不能派上用场，也能让他切实感到自己活着。7 月，他突患肺炎，病情急剧加重，几乎所有工作都已停止。唯独《女性 7》杂志专栏他不想放弃，这本杂志对他来说意义非凡，也是他生命最后的寄托。8 月 13 日，他还早早起床，带着氧气罐边吸氧边前往直播厅，完成了一个两小时的直播节目，也是他人生最后一次外出工作。

◇ 8 月 22 日，金子哲雄经历了一次濒死体验，预感到自己的生命就快走到尽头。他决心开始亲手料理后事。这么做，一是不想死后再给妻子和朋友添麻烦，二是他坚信"葬礼是人生的谢幕演出"，每件事都亲力亲为做到最好的他，要对葬礼时所有来宾的体验负责。拖着垂危的身体，金子硬是独自完成了遗产分配、骨灰存放及葬礼地点选择、葬礼承办方安排等事项，所有遗产都留给稚子，并为其安排了一处适合她未来重新生活的房子。

◇ 其实，他不止一次地想过："为什么是我？""我做错了什么？"面对突如其来的死亡宣告，他花了很长时间重新梳理自己的生死观，并把这些思考，都记述在了这本书中。这场病也让他了解到医疗行业的实情。既遭遇过了为了不破坏业绩而拒收"绝症"患者的大型医院，也有坚持为他治疗，给他温暖与力量的小型医疗机构。他将自己的所有体验都写出来，希望能对日本医疗事业现状的改善，有所帮助。

◇ 直到生命的最后，他坚持的依然是那句话："用自己的努力让大家开心。"

◇ 2012 年 10 月 1 日晚，金子哲雄在床上校对了最后一篇稿子。凌晨，他握着妻子的手，在安睡中离世。"我想工作到生命的最后一刻"，他做到了。

记事本圆梦计划

一冊の手帳で夢は必ずかなう
なりたい自分になるシンプルな方法

将你的梦想，写下来

熊谷正寿

◊ 2003 年 7 月，熊谷正寿 40 岁，担任以互联网基础建设及广告媒体事业为主的 GMO（Global Media Online）集团社长兼董事长，集团下有 13 间公司。记者问他成功的秘诀，他只有一句话："我的梦想和我的记事本。"

◊ 17 岁高中休学，开始帮父亲工作的忙，很快结婚生子，21 岁那年，他开始为这种生活感到焦虑，于是他在记事本里写下"未来 15 年年表"，和一个梦想"35 岁前创立公司并令其上市"。当时很多人笑他不切实际，但在此后 15 年间，他创设了 GMO 公司，并且在 35 岁生日后一个月上市。

◊ 在 21 岁写下这个梦想之后，他便开始思考要达成梦想所必要的事。首先是赚取资金，他的方式是股票投资，那段日子他研读经济经营类书籍，每天必看《日本经济新闻》，并在 20 世纪 80 年代购入电脑，学着自己用电脑绘制股价走势图。其次是寻找商机，熊谷认为，"与别人做同样的事是无法赚钱的"，因此他一直拼命寻找新商机。熊谷从小着迷于研究机械和吸收资讯，开始接触电脑之后，渐渐他摸熟了基本程式，不再只用它研究股票，也开始用电脑来进行其他各种业务。他隐隐觉得，电脑的角色在未来会愈发重要。继而，他又邂逅了那时刚刚兴起还未普及的互联网。

◊ 他断定，电脑与互联网，这就是未来，这就是商机。

◊ 如同那个发明带有橡皮的铅笔的画家一样，他也发明了一个"橡皮与铅笔"般了不起的组合——"InterQ ORIGINAL"，将网络事业与 NTT 合作实行非会员制付费式上网，同时将这一非会员制网络事业与地区性独家贩售相结合，这一举措实现了"任何人随时随地（只要付费）都能上网"，当时，美国的互联网也仅限于一小部分发烧友使用，而仅

《记事本圆梦计划》
熊谷正寿 著
KANKI 出版
2004 年 3 月

两年间，熊谷正寿的公司在全国就已有五十多间营业厅了。

◊ 以此为开端，熊谷的事业蒸蒸日上，2003 年时在日本 IT 事业的四个领域他的公司都已达到第一名，最终上市，达成了他 15 年前写下的被人嘲笑的梦想。

◊ 熊谷正寿坚信，确立梦想是成功的第一步。在准备起跑之前，必须知道奔跑的方向。这是他所认识的所有成功人士所共通的经验。而他们共通的经验之二，是要将脑子里的梦想，用心写出来、大声念出来，让其深入到潜意识里。

◊ "写这个动作，是将抽象的想法变得具体的第一步。"熊谷说。21 岁时的他，第一次在记事本里，将"35 岁前创立公司并令其上市"的梦想写出来。熊谷正寿是出了名的记事本不离手的人，他的记事本被他添加了许多内页，厚度夸张到在机场通关时被海关人员误以为是手提包。他想将自己常年使用记

事本的经验分享出来，并不是想教你"如何使用记事本"，而是要向你展示一个"实现梦想，成为理想的自己"的实用方法。

◇ 熊谷认为，实现梦想需具备四个必要条件："1. 写在纸上；2. 坚信不疑；3. 保持动力；4. 不懈努力。"因此，他的"记事本三分法"将记事本分成三部分："梦想记事本""行动记事本""思考记事本"。这三部分的划分，其实就是将实现梦想的主要步骤在记事本中具现。

◇ 首先，"梦想记事本"的职能——记录梦想。熊谷认为这是最重要的部分，详细地列出你的梦想，然后列出实现梦想所必要的事情。"这是美梦成真的第一步，"他说，"人无法超越理想中的自己。"因此要大胆梦想，不用害怕被人嘲笑，你所有的想法只有记事本知道，这也是它的优势之一。更重要的是，要时刻带在身边，时常拿出翻看，这些充满梦想的文字会在你忘记初心或者想要放弃时，给你力量，让你时刻"保持动力"。

◇ 第二，"行动记事本"的职能——行动规划和进度确认。熊谷会在这一部分，根据前面的"梦想记事本"中所列实现梦想所必做的事，来制作添加"中长期计划行程表""短期计划行程表"以及执行清单，确认执行进度。另外他还会添加"名言警句"页，专门收录随处看到的给他启发和激励的语句，这些句子的作用也是为了在你信念动摇时，"保持动力"。

◇ 第三，"思考记事本"的职能——思想的备份和整理。按时间安排划分，对"中长期行程"及"短期行程"内的行动制作分析总结的"思考清单"；按项目类别划分，对某一类项目内的工作制作分析总结的"思考清单"。在此熊谷以他自己的"思考记事本"举了一例："比如说，以'新开发事业清单'为例，当你发现新商机时，可以对其做一份分析清单，确认其'成长性''未来性''新颖性''能否行业领先''能否申请专利''需要与人竞争的地方''需要哪些基础建设''库存风险多高''能否独占市场''能否上市''需要几个人'……""思考记事本"的作用，熊谷认为主要有两点——1. 备份：大脑其实靠不住，记下来才能避免遗漏需反省和注意的事项。2. 整理：梳理思想，面对问题能更加逻辑清晰地快速加以判断。

◇ 之所以说这不是一本单纯记事本使用方法教学书籍，是因为在这本书中，熊谷还详尽讲述了他的工作与读书术、资讯收集术、时间创造术，及他的经营管理思想。但奇妙的是，这每一套方法的顺利实行，都离不开他与记事本的绝佳配合。比如工作术里他提出的"将所有目标数据化""沉住气，找到最短距离再一鼓作气""积极找机会与大人物接触"，或是时间创造术中他提出的"多事项同时进行"等种种方法，首先都是通过在记事本中明确记录、确认进度、整理分析，才最终实现。

◇ 1998 年，熊谷正寿在记事本中制定了一个"55 年规划"，并且这些年来确实是在按此规划顺利进行。在他的"55 年规划"中这样写道："在我迎接 88 岁的 2051 年，要让 GMO 集团拥有子公司 220 家，员工 20 万人，营收 10 兆日元，经常性利润 1 兆日元。"这种"目标数据化""大胆做梦"的规划确实是典型的熊谷正寿风格。只要手握记事本，他就有信心，实现这个未来不是梦。

气与骨·和太鼓·燃尽症候群·就是现在吧！

气と骨·和太鼓·燃え尽き症候群·今でしょ！

刘子丹 / text

22

きとほね

わだいこ

○ "气与骨"是日本摄影师田中良知制作的人物探访企划，在日本伦理研究所发行的月刊《新世》上连载。通过向各行各业的老前辈们进行采访，为读者们介绍他们的人生轨迹与一直以来坚持贯彻的信条，探寻日本人的精神。

○ 79 岁的打铁匠白鹰幸伯，为了七世纪寺院的再建工程，还原了当时的白凤型钉，并将最长约一尺的钉子一根一根锻造出来，总数将近三万根，为守护日本文化遗产奉献了大半生的时间。92 岁的高桥淳曾是日本现役年纪最大的飞行员。"飞机不是鸟，它是会掉落的。"高桥淳相信，竭尽全力才会有好运伴随，每次飞行他都做着万全的准备。曾经历过战争的他除了拥有精湛的飞行技术之外，还有着无论发生什么情况也不会陷入恐慌的过人胆识。这位老前辈曾说："若战争的时间再长一些，我可能无法像现在这样飞翔。"他每场漂亮的飞行也是对和平蓝天的讴歌。

○ "气与骨"挖掘的是日本老一辈人贯彻的信念。不论年龄、地域，不看专业、领域，他们身上的"气与骨"是日本人的精神之最佳代表。

○ 和太鼓是日本传统打击乐器，也是日本太鼓的总称。大致分为长胴太鼓、桶胴太鼓、附缔太鼓三种。

○ 日本人早在绳文时代便用和太鼓来传递信息。《日本书纪》中记载的"天岩户"这一处地方也出现过人们伏在桶边敲击木桶的画面。到了战国时代，战国大名们利用太鼓来统帅自己的军队，"阵太鼓"由此兴起。究其原因，是人们按照心脏跳动的节奏来敲击太鼓，鼓声与心率同步，从而达到凝聚军心、鼓舞军队士气的效果。士兵们在浴血奋战时听到一声声击鼓声隆隆响起，好似提前奏响了胜利的凯歌，必定士气大增。

燃え尽き症候群

もえつきしょうこうぐん

今でしょ！

いまでしょ！

○ "燃尽症候群"是指人们在付出过大量努力后并没有得到所期待的回报，因此感到疲倦，丧失动力，像"燃料用尽"一般。它所描述的是一种心理状态。

○ 在日本，上班族因工作压力巨大，极易出现这种现象。公司倒闭、裁员、过度疲劳等导致人们极度紧张，或者工作兴致和工作效率低下，严重的甚至会发展成抑郁症、自杀或犯罪。除此之外，学生在入学考试结束后突然失去了努力的目标，运动员在大型运动比赛结束后被空虚感侵蚀，也可算是"燃尽症候群"的表现。

○ 许多日本人在工作中"过度努力"，明明已经非常疲惫，却仍在勉强自己硬撑下去，这样必然会导致"燃尽"。要想避免这一现象，注意劳逸结合、张弛有度是非常重要的。

○ 这是 2013 年在日本红极一时的流行语，是日本东进卫星预备校的现代文老师林修在电视广告中的一句台词。

○ 在这支广告中，老师在课堂上给学生们强调汉字学习的重要性。汉字对现代文的理解非常有帮助，然而学习汉字的学生却很少。老师为此呼吁他们多学习汉字："什么时候行动？就是现在吧！"（いつやるか？今でしょ！）这句短小精炼的"今でしょ！"由此爆红，成为在促使他人奋起和激励自己奋发向上时的必备金句。

○ 自己在课堂上经常说的一句普通话语竟然有这么大的影响力，林修完全没有想到。这句话被评选为 2013 年"新语·流行语大赏"的获奖句子之一。还被丰田公司改编成"什么时候买？就是现在吧！"（いつ買うか？今でしょ！），用在了丰田的广告中。后来又被制作出多个不同版本。

日本清酒 曲造之味

日本清酒 麹の味

王木星 / text

知日资料室 / picture courtesy

知日 | Store

日和
手帖

公元 4 世纪末 5 世纪初，中国大陆和朝鲜半岛的酿酒技术由"渡来人"传入日本，并传播到日本各地，日本酿酒法因此得到重大的改良。据中国的《三国志·魏志·东夷传》记载，早在远古时期日本人就已懂得酿酒，不仅会酿也喜欢喝。

13 世纪到 16 世纪，也就是镰仓、室町时代，日本城市的商业化已经有了一定规模的发展，京都地区造酒屋已经发展到了三百多间！酿酒事业在这一时期开始兴盛起来，很多酿造方式和技术在当时已经被明确地记录了下来，并延续至今，现代清酒酿造法的雏形已然形成。到 16 世纪的战国时代，由于激烈的地区竞争，"地酒"（地方酿造）的发展走上了多样化的道路。这一时期，酿制法的改进、酒米培育、酒母培养、杀菌等技术的发展，以及大型酿酒槽的制造，都促使清酒工业步入了大跃进时代，现代日本酒的原型基本形成。江户时代幕府政治时期，因为地理之便，邻近大阪的"滩酒"备受关注，并在江户时代中期独霸江户市场。昭和年间，日本酒的级别制度开始实施，酒被分成了十种级别。平成 2 年，旧的等级制度被废止，新的分类标准诞生。

清酒是在日本以米、米曲和水发酵而成的一种传统酒类，在日本又被称为日本酒（nihonshu）或是直接称为酒（sake），酒精浓度平均在 15% 左右。按现行的分类标准，根据制造法和原料的不同分为"特定名称酒"与"普通酒"两大类。

产地与品牌

兵库县：
菊正宗、樱正宗、白鹤、大关、
日本盛

京都府：
月桂冠、
松竹梅

西宫市：
白鹰

广岛县：
贺茂鹤、白牡丹、
千福

菊正宗

日本老牌清酒酿造企业之一，全称「菊正宗酒造株式会社」。自1659年创业以来的350余年里，菊正宗专注于「正宗烈味」「辛口」酒的生产。即使在「二战」之后，当甜味的「甘口」酒占据天下之时，仍专注于能诱发菜肴之味的烈味「辛口」酒。专注促使了品质的提高，在创业350周年之际主力商品之「上撰·本酿造酒」实现了「生酛酿造法」酿造，还率先在行业中实行控制添加酒精的「本酿造化」。总公司位于兵库县神户市东滩区御影本町的菊正宗在东京、大阪、名古屋等地均设有销售分公司，不仅有菊正宗系列清酒、菊正宗烧酒、菊正宗梅酒等人气产品线外，还涉足咖喱食品和化妆品的生产与销售。菊正宗已成为了日本清酒酿造的代表，在日本国内外均享有美誉。

松竹梅

松竹梅是宝酒造旗下的产品，宝酒造是成立于1925年的企业集团，历史悠久。1995年，宝酒造在中国成立了宝酒造食品有限公司，主要产品「松竹梅」清酒、本米林料酒以及烧酒等已被国内清酒爱好者所熟知。

白鹰

创于文久2年（1862年）的白鹰，是代表酒乡「滩」的名门酒庄。第一代的辰马悦藏从一开始就不追求酿造产量及销售量，而是追求「超一流主义」出产品质第一的「白鹰酒」。他们对传统技术的彻底贯彻，可谓无人能及。

贺茂鹤

创业于元和9年（1623年）的贺茂鹤，位于酒乡广岛有名的名酒之里——西条。当时这里设有驿站，热闹非凡，大地主小岛屋木村便开始贩卖酿酒给过往的旅人。

更多新品准备中，敬请期待。
为您甄选高品质日系商品的专门店

日系严选，期间限定
zhijapan.taobao.com

淘宝 APP 即刻扫描收藏知日 Store

菱川势一

记录"不存在的电影"

菱川勢一　存在しない映画を記録する

刘子丹 / interview & text　菱川势一 / photo
DRAWING AND MANUAL / cooperation

菱川势一

1969	出生于东京。
1991	前往纽约，投身影像界。
1997	创立设计工作室 DRAWING AND MANUAL。
2011	举办摄影展"不存在的电影，存在过的光景"。

● 只用"摄影师"来概括菱川势一便有些片面了，他同时还是影像作家、编剧和艺术总监。

● 1969 年菱川势一出生于东京，在加入 CBS/SONY 公司后，他开启了始于音乐界的职业生涯。1991 年，他把工作重心转移到纽约，同时离开音乐界，转而投身影像界。从电视节目到电影制作，作为摄影、编辑、音像等技术人员，所有类型的影像工作他都有参与。回国后，他于 1997 年参与设计工作室 DRAWING AND MANUAL 的创立，作为动态图形表现开拓者般的人物一直活跃在业内。2009 年，菱川势一出任武藏野美术大学基础设计学科教授。2011 年，他导演了 NTT docomo（日本最大的移动通信运营商）的广告"森之木琴"（森

の木琴），并荣获戛纳国际广告节三项大奖。他还为 Chanel 的产品展示会以及 Calvin Klein 的时装秀做过艺术总监与舞台设计。

● 菱川势一曾在 2011 年举办摄影展"不存在的电影，存在过的光景"（存在しない映画、存在した光景）。他拍摄的照片曾被朋友评价为"像一帧电影画面"，举办摄影展的想法便由此而来。作为影像作家，他一直追求的是"拍摄像照片一样美的影像"与"拍摄如影像片段般的照片"。每到一个地方，他所捕捉到的大多是我们极易错失的、司空见惯的日常。每次按下快门定格住的那一帧画面，仿佛能听到声音、感受到气息，简直像是"存在过的光景"。

△
● "The Rye Field
and the Sky"
2009, Scotland

△
● "Romantic
Gunshot"
2009, Scotland

▷
● "Liege Station"
2008, Belgium

◁
● "The Younger Teacher"
2009, Scotland
▽
● "Good bye, Let's meet in
Aachen." 2008, Germany

▽
● "Friendship"
2008, Belgium

△
● "White Bridge" 2006,
France

△
● "Juliet's Life" 2003, France
▽
● "The Unknown Future"
  2003, France

△
● "Letters" 2000, France

△
● "Le rêve viennent vrai" 2011, Paris

△
● "Bonjour, ma tante!"
   2011, Paris
▽
● "Lumière et ombre"
   2011, Paris

△
● "A l'intersection" 2011,
Paris
▽
● "Sun absence de pluie"
2011, Paris

"艺术并不是特别的东西，任何人任何时候都能接触到它"

知日○ 你将活动据点转移到纽约的理由是什么？为什么当初选择离开音乐界，而投身影像界呢？

菱川势一□ 首先，音乐是我创作的原点。年幼时我曾学过一点钢琴，读高中的时候和朋友组过摇滚乐队，经常演出，所以后来便自然而然地进入唱片公司工作了。音乐界在那时迎来了从唱片到CD过渡的变革时期。1990年左右，数字化风潮涌来，模拟设备相继朝着"数字化"推进，我当时想，影像的"数字化"时代也会马上到来吧。尽管当时还是以胶片摄影为主流的时代，但也在一点点朝着影像的形式转变，我便是在那个时期将兴趣投向影像的，当时我的直觉告诉我，最贴近这场变革的地点是纽约，于是我从音乐界投身影像界，并去了美国。

○ 有幸欣赏了你极具创意的广告作品"森之木琴"，你平时获得灵感的来源是什么？

□ 我的很多灵感都是通过阅读小说与诗集得到的。影像是活动着的像，就算是极其细微的变化也能表现得出来，用它来表现心理和思维活动是非常合适的。小说与诗集是通过语言表现的，我把从语言中得来的空想与想象可视化、具体化，就像翻译一样，这便是我创作的瞬间。我从音乐中也会得到很多灵感，因为音乐同样会引发空想与想象，而想象力的发挥在表现过程中是最需要精力的。我并不从影像中获取灵感。

○ 摄影、编辑、音像的工作经验对你的拍摄有着怎样的影响？

□ 照片与影像之间的最大不同是时间轴的有无。影像有明确的时间要素，以此来表现故事情节，用日语来说就是"起承转结"（起承转合）。按照时间发展顺序朝故事中慢慢深入，这是影像的制作方式。有人说照片也同样拥有时间，但那是站在观者

的角度来说的。利用时间来构成与表现故事，这是我从影像制作过程中学到的东西。

○ 喜欢上拍照的契机是什么？

□ 摄影师维利·罗尼[1]的摄影集给我留下了深刻的印象，我也想像他一样尽可能丰富地拍摄平常百姓。一张在巴黎的大街上抱着长棍面包奔跑而过的少年的照片戳中了我的内心。当时，我刚正式投入影像制作的工作，那也是我对影像产生兴趣的时期。我在那张照片中看到了故事性，在影像中需要花上几十秒到几分钟去表现的事情仅仅用一枚照片就呈现出来了，简直是终极的电影啊，这便是我喜欢上拍照的契机。

> [1] Willy Ronis（1910～2009年），法国摄影家。

○ 你喜欢的摄影师是哪位？自己拍摄的照片有受到其风格的影响吗？

□ 维利·罗尼和罗伯特·杜瓦诺[2]，这两位拍摄的巴黎的人与风景都非常棒。现在很活跃的摄影师有迈克尔·肯纳[3]和安东·科宾[4]，我喜欢迈克尔作品中静谧的美，以及安东与被摄体之间的距离感。日本的摄影师我喜欢的有山口Herbie，他的作品传递着温柔的视线。我还欣赏植田正治的艺术性。他们各自有着各自的独特个性，我从每一位身上都学到了数不尽的东西。拍摄的那一瞬间在思考什么，怎么做才能拍出那种感觉等等，我一边看他们的摄影集一边驰骋思绪。而且他们的作品有一个共同点：都是黑白照片。

> [2] Robert Doisneau（1912～1994），法国摄影家。
> [3] Michael Kenna（1953～），英国摄影师。
> [4] Anton Corbijn（1955～），荷兰摄影师

○ 你拍摄的照片也都是黑白照片。比起彩色照片，你执着于黑白照片的理由是什么？

□ 通过照片让人感受到自身感性的摄影师，其作品都是以黑白照片为主。我也不知道为什么只有黑白照片才能引起我的兴趣。试着思考了一下，可能

是由于黑白照片的信息量较少，对于观者来说，能通过想象感受到更多吧。天空的颜色、建筑物的颜色、人们皮肤的颜色、瞳孔的颜色等等，各自的细节本有其相对应的颜色，但黑白照片只是将这些颜色划为大致梯度，反而能鲜明地表现出美丽的细节吧。并且我觉得黑白照片正是因为其禁欲式的表现才更显美丽，从这种禁欲主义中也能感受到日本式的美。

○ 岩井俊二导演曾给予你的作品很高的评价，他形容你的摄影作品像是"从随意的游玩中产生出来的"，请谈谈你对此的看法。

□ 确实如此，我是在玩照片。并不是通过拍照这一行为，而是顺着要进入故事这一感觉按下快门的。不知不觉，我开始意识到拍照并不是摆好架势按下快门而已。我总是无视那些固定概念和专业方法，自由地拍照片，这是从前人的风格中学到的。学习其风格，一边反复试验，一边将感受到的东西收入自己的框架中。我在玩照片，也可说是一直在进行试验吧。

○ 摄影展"不存在的电影，存在过的光景"这一名字应该怎么理解呢？摄影展中每张照片都附有一段小故事，就像在观看微电影一般。能谈谈你创作这些小故事的过程吗？

□ 我的摄影作品全部是"不存在的电影"。它是突然展现在我眼前的电影，虽说电影实际上不存在，但照片上的光景是确实存在过的。由照片想象出的故事在脑海中形成电影，谁都应该这样做过吧。我认真凝视拍摄的照片，从照片中人物的表情、动作、风景来创造故事。叫什么，有没有家人，来自哪里，经历过怎样的童年，拥有过怎样的恋情，怎样被背叛过，因为什么分手，在追寻着什么等等。一切都是空想，都是从一枚照片中产生的故事。

○ 你拍摄的照片内容大多是平凡人的日常生活，通过这些照片，你想向观者传达些什么呢？

□ 我希望人们能注意到，寻常百姓的日常生活中存在能引起共鸣的剧情。希望人们能发现照片和故事中的人对日常生活的热爱。对于每天都能看到的日常风景，人们会不知不觉忽略掉其中之美，也会觉得风景在渐渐褪色。所以，我通过照片建立自己与每一天的时间之间更为深刻的关系，去发现风景与人的联系、邂逅与分别，这些极为平凡的日常中存在的剧情，其实都是奇迹。如果能发现这一点，那么一定能爱上所有事物吧。

○ 你曾说过："希望自己的照片不是'艺术品'，而是'大众写真'。"举办摄影展的场所也选在了酒店、车站等比较日常的地点。为什么会有这样的想法呢？

□ 一般摄影师要开摄影展的话，喜欢在美术馆等环境整洁、能集中欣赏作品的环境。在那样的环境中，既能彻底感受作品的魅力，也更容易传达想要表现的东西。但是，我希望我的作品不是放在美术馆供人鉴赏的艺术品，而希望它是潜伏在市井中的艺术。也就是说，我想通过"某个视点"来展示观者身边正在发生的事情。绝非特别的光景中潜伏的故事，要传达这一点的话，我觉得应该将作品藏到日常风景中去。就像过去，葛饰北斋[5]的绘画是市井中存在的画一样。艺术并不是特别的东西，任何人任何时候都能接触到它，这是我想要表达的。

> 5 葛饰北斋（1760～1849），日本江户时代后期的浮世绘画家。

○ 常用的相机是什么？对摄影器材有什么特别的要求吗？

□ 我的爱机是 HASSELBLAD 500CM。除此之外，我也经常使用全景相机 HASSELBLAD X10 和 LEICA M4。我用的数码相机是 NIKON Df 和 SONY α 7R。对于器材没有什么特别的要求，但最喜欢并一直在用的还是 HASSELBLAD 500CM。我有时会不看取景器就按下快门，那是因为面对突然出现在眼前的光景，手指先有了反应。在那一刻牢牢捧在胸前的、能拍下眼前所见的便是 HASSELBLAD。

传说中的利休与茶碗里的哲学

伝説の利休と茶碗中の哲学

丁一可 / text　知日资料室 / picture courtesy

利休以日本与朝鲜那些无名者所制作的粗陋茶器为美，将一个日本茶碗捧于掌中：它是来自于泥土的陶器，经过低温烧制而成，弧度不是那么完美，厚度稍有不均匀，看起来有些粗糙，这是利休的审美观。

● 将一个日本茶碗捧于掌中——它是来自于泥土的陶器，经过低温烧制而成，弧度不是那么完美，厚度稍有不均匀，看起来有些粗糙——这是理解所谓"侘寂"美学的最直接的方式。

● 侘寂的哲学起初是受到中国道家学说和禅宗思想的启发，后来在日本发展成为独特的概念，并在茶道中有了较为系统的诠释。将侘寂升华为日本文化之核心的人，无疑是茶人千利休。以至于仅仅是听到"千利休"这个名字，便让人有一种闲寂、淡泊之感。

● 利休以日本与朝鲜那些无名者所制作的粗陋茶器为美，将其与中国产的精致工艺品置于等同的地位，这是利休的审美观。晚年的利休委托制瓦陶工长次郎为他制作茶碗，长次郎根据利休的意图以手捏制出的形状不规则、厚度不均的"乐茶碗"，是利休审美意识的具象表达。"乐"字源于丰臣秀吉所建造的"聚乐第"，后来成为长次郎家族的家号，长次郎便是乐家的初代。乐茶碗也有多种类别，黑乐茶碗"大黑"与赤乐茶碗"无一物"被认为是体现利休思想的代表。

● 同样作为利休思想的具象存在的，还有现存唯一的利休建造的茶室"待庵"。这间木造茶室以乡间小屋为雏形，狭小的入口是利休的发明，面积仅两叠榻榻米大小，室内光线昏暗。在待庵之前虽有三叠的茶室，但两叠以内是前所未有的。这是一个极端的创造。

● 在利休喜爱的四叠以内的昏暗茶室中，黑乐茶碗中所盛浓茶的绿色完全无以呈现。于是我们便知晓，乐茶碗并不是为了观赏而制造。将茶捧于掌中时所感觉到的茶的温度，才是茶碗的美妙境界。茶人木村宗慎写道："我想，利休让人制作乐茶碗的本意，就是对'勿视茶碗''忘却道具'的表达吧。"

● 木村宗慎还说，他以为，极端的两叠茶室其实是丰臣秀吉的意思，茶室的狭小与昏暗是秀吉对自己贫困幼年的乡愁，"茶人是不会这么乱来的"。关于利休的故事有很多，而大部分都是传说。利休究竟是怎样的人不得而知，但也并不重要，利休的存在意义更多在于抽象层面。这大约与侘寂的概念一样，正所谓"知者不言，言者不知"吧。

利 休 入 门

利休入門
新潮社 单行本
ISBN 9784106021992
发售日：2010/01

木村宗慎

年轻的茶人木村宗慎从茶碗、茶室、茶会、禅等角度，对千利休进行了新的解读——关于千利休的传说、利休与织田信长和丰臣秀吉的关系、乐茶碗里所包含的深意、在昏暗茶室上所作尝试的意义……这位叫作千利休的人物，其伟大之处究竟在哪里？

千 利 休 的 功 罪

pen BOOKS 6
千利休の功罪。
阪急コミュニケーションズ 单行本
ISBN 9784484092171
发售日：2009/11

木村宗慎、《pen》编辑部

曾为杂志《pen》某一期企划的"千利休的功罪"重新结集成书。在木村宗慎的主编下，同样从各种角度解读了这位茶道的集大成者，对利休独特的美意识，打破传统的价值观，他的光与影、功与罪进行了较为全面的分析。

名 碗 观 察

名碗を観る
世界文化社 单行本
ISBN 9784418119028
发售日：2011/10

林屋晴三、小堀宗实、千宗屋

陶瓷器研究家林屋晴三、远州流茶道家小堀宗实、武者小路千家的千宗屋三人的名碗鉴赏。通过流派与立场不同的三人的对谈，讲述茶碗的美与魅力。林屋晴三所选的22个茶碗均是拥有漫长历史、历经众多名茶人之手的重要文化宝物。

寻 访 利 休

利休にたずねよ
PHP研究所 文库本
ISBN 9784569675466
发售日：2010/10

山本兼一

千利休以个人的美学与权利者丰臣秀吉对峙，升为天下第一的茶头，作为秀吉的参谋助其夺取天下，而最终被令切腹。被尊为"茶圣"的利休，是否果真如"侘茶"一般立于淡泊的境地？本作品视角独到，并获得了第140届直木奖。

现代野生生活的目击者

杂志《Spectator》之《OUTSIDE JOURNAL》

现代野生生活の目撃者

雑誌《Spectator》の《OUTSIDE JOURNAL》

刘子丹、阴雪婷 / edit
ichika / photo

● 创刊于 1999 年的杂志《Spectator》至今已发行了 29 期。《Spectator》一年只出两刊，并且很难被归类，因为它并非拘泥于某一主题，而是关注地球上所有值得关注的东西，探访任何地方，体验各种事物。例如"纵贯台湾的自行车之旅""小本经营""Back-to-the-Land Japan"等，从旅行到工作到生态环境，涉及各种不同维度的概念。正如标题的意义一样，它是"观众"，是"目击者"，目的即为那些持有独特想法、追求另类生活的人们提供有效的信息。

●《Spectator》第 28 期《OUTSIDE JOURNAL》以"野生课程"为主题展开，带读者认识现代人对"野生"的理解，以及他们的"野生生活"。

●《猎人的世界》一文介绍了非职业猎人千松信也的狩猎生活。千松信也毕业于京都大学，2001 年通过考试获得甲级狩猎许可，著有《ぼくは猟師になった》（我成为了猎人），被认为是日本都市中的"鲁滨逊"。千松从小就喜欢养动物而讨厌人类，当他看到人类肆意破坏自然，造成严重的环境问题时，这种感情更甚。大学毕业后，他与家人生活在京都郊外，一边在搬运公司上班，一边利用下班时间上山布网、捕猎，吃着从山上猎取的野味度日。他打猎不用枪，也不会把动物卖给别人，狩猎对于他来说并不是兴趣，而是生活的一部分。

● 对于在文明社会与野生世界能自如转化、舒适生活的千松，狩猎"并非是最初的想法，而是向更快乐的道路前进的结果"，野生"就是忠实于自己的心声生活，对自己应该做的事负起责任"。

● 千松介绍了解剖野猪的步骤：将野猪仰放在桌上，从猪腿内侧切入，圆滑地将四肢切下；野猪的脂肪部分很重要，保留皮下脂肪，小心剥皮；

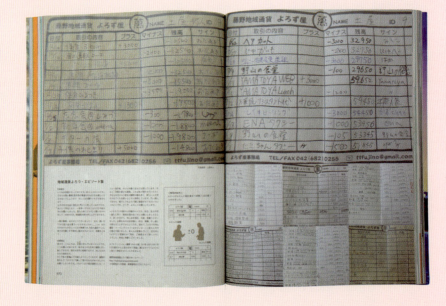

之后将两腿吊起，切下猪头，用锯子从脊背骨中心将身体切成两半；再置于桌上，取出内脏里的淋巴和脂肪，用刀从肋骨两侧切起，剔除骨头；最后用牛刀分切，装入真空包装袋进行冷冻保存。

● 在东京郊区，有一个居民约一万人的小城镇——藤野，这里的居民都习惯自己动手制作生活中的必需品，是一个自给自足的城镇。小镇拥有名为"藤野电力"的电力工作团队，有"森部""百姓俱乐部"等特别的活动团队，还有能源自给的艺术节"光祭"，已持续了多年。

● 藤野有自己的媒体。由平川友纪主编的《藤野本》是一本创刊于 2006 年的小型杂志，该刊不定期出版，记录当地形形色色的人和各种各样的活动，加强了人与人之间的交流。

● 藤野拥有便利、实用的"地区货币"机制。

四年前，藤野开始使用名为"万"的会员制货币，由"万屋事务局"运营，使用者有约两百户人家。事务局的会员在入会后会得到一本存折，其运作方式建立在会员之间相互信赖的关系上。货币单位为"万"，一"万"相当于一日元，所有的收支情况都记录在存折上，这样就形成了没有现金介入的、物品与服务循环的状态。

● 藤野还拥有独自的供电系统——"藤野电力"。"藤野电力"不像其他电力公司使用能源进行集中供电，而是考虑使用独立系统进行太阳能发电，并通过讲习会向每个家庭传授自制电力的方法，以实现每家每户都能自主供电。

● "野生"的藤野小镇，就像现代社会中白桦派成员构想的"新村"，以及托马斯·莫尔笔下"乌托邦"的缩影。

● 作为一个职业作家，内泽旬子对事物抱有强烈的好奇心。为追求失去的"自然"，回归野生，她在做完乳腺癌手术后，在千叶县的农村养了三只猪，与它们一起生活了近一年，并将始末详细记录，连载于杂志，最终结集成书——《饲い喰い——三匹の豚とわたし》（饲养与食用——三只猪与我）。书中不仅记录了三只猪从生到死（被食用）的全过程，还描述了内泽旬子在此过程中的心理感受。

● 内泽旬子在书中写道："嚼食（猪肉）的那一刻，肉汁和油溢满口腔。甜而不腻的口感从口腔传遍全身。那时，我脑子里出现三只猪拱着鼻子向我撒娇的样子。与它们嬉戏时的娇媚感沁入全身。……现在，它们融入我的身体，之后也将一直在一起。即使肉被消化、排出，我也至死与它们在一起。这种奇妙的感觉确实是我从未想到过的。"

● 对于"野生"的理解，内泽很赞同坂东真砂子[1]在直木奖获奖作品《山姥》里所呈现的世界观。该书的主人公是一个妓女，在

> 1 出生于高知县的作家，代表作《山姥》获得第116届直木奖。

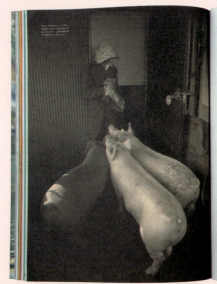

村庄里杀了人后逃入深山，并抓住山中一个男人一起生活，之后渐渐丧失语言能力和面部表情，成了一个无感情的人。故事以"山姥传说[2]"为蓝本。内泽认为这个故事很棒，希望自己将来能成为"山姥"。而坂东自身就是"野生"的人，曾在塔希提岛[3]过着自给自足的生活。

2 传说深山中住着会吃人的女妖。

3 南太平洋中部法属波利尼西亚社会群岛中向风群岛的最大岛屿。

● 随着科技的进步，生活的便利化，我们在不知不觉中失去了很多东西，其中之一就是"野生"。我们常常把"野生"同"未开化""天然""未开拓"混为一谈，但在现代生活中，野生是"人类在生存中不可或缺的根源性的感觉和力量"，这是先进的科技无法弥补的，是现代人不断追求的一种生活方式。

器

南部铁乌冬釜

南部鉄うどん釜

张艺 / text

釜浅商店 / photo courtesy

● 釜浅商店创业于明治 41 年（1908年），位于东京浅草合羽桥，以生产、贩卖料理器具为主。南部铁乌冬釜是釜浅商店自主设计的南部铁制锅，由注重功能与简约的釜浅商店第三代设计，以清汤乌冬面锅为意象，也可作寿喜烧锅或者平底锅之用。由于其不粘锅的特性，还可用来煮饭。

● 南部铁是日本最有名的铁器，产自岩手县。位于东北地区内陆与太平洋沿岸中心地带的陆奥国（日本古代的令制国之一，现东北地区）盛产的砂铁、木炭，以及北上川老河道出产的砂和黏土，都是铸铁业发展得天独厚的条件。以岩手县平泉为中心发展起来的奥州藤原文化因铸铁业的繁荣而闻名，在藤原氏第四代时发展出了出色的技术。

● 手工铸造的南部铁乌冬釜，铸造工序与其他南部铁器基本一致：先画好设计图，根据图纸制作

一个石膏原型或铝制原型，用砂将原型上下压紧，取出原型，就得到铸造模型了；模型顶部有一汤口，从那里将熔铁注入（注汤），铁固化后，撤去模型，得到铁器的毛坯，磨去毛坯上的毛刺，最后镀上腰果漆，南部铁乌冬釜就诞生了。

● 注重健康的日本人认为，如果用铁器做饭，每天进食时就可补充附着在食物上的铁离子，以达到防治贫血的效果。于是，有诸多优点的南部铁器，迅速在日本流行起来。

● 铁是一种蓄热能力极强的材料，比铝有更强的保温性能，并且导热均匀，不会产生高温斑或者低温斑。铁器表面因为铸造原型上砂子间的空隙而形成了细小的凹凸，使用时，油会填满凹凸处，从而避免了粘锅现象。另外，比起其他材质，铁的厚重也给人以安定感，让人放心地把一家之食物交付于它。

漂撇男子汉的热血世界

クローズの情熱の世界

擦主席 / text

刘子丹 / edit

知日资料室 / picture courtesy

◎ 漫画《热血高校》由著名漫画家高桥弘创作，自 1990 年至 1998 年于《周刊少年冠军》上连载，单行本全 26 卷累计发行量超过 4 500 万册。

◎ 被称作"乌鸦高校"的铃兰男子高中因不良少年聚集而名声在外。主人公坊屋春道是这所学校的转校生，金黄色的头发梳着大背头，刚转入学校二年级便以一人之力击垮了在学校颇有势力的坂东派，故事便由此开始。

◎《热血高校》主要描写的是不良少年们的生活，充满打架斗殴、帮派对抗、势力垄断等元素。但是在这些颓废生活的背面，少年们的激情与张扬、对友谊的忠诚和对梦想的追求都让我们不由得为这热血青春而感动。

无论你是否看到了顶点的风景，你有觉悟去下一个世界吗？

● 提到《热血高校》的时候，我总会回想起初中时全校各种不良少年们迷恋"古惑仔"的情景。少年们总是指望靠双手打出一片天地，文无第一，武无第二，所以"打"与"赢"这些字眼总显得那么热血沸腾。

● 少不看《水浒》，老不看《三国》。作为一个社会人，回首再看这些讲述少年故事的作品，早已不会有上街找人练练的冲动，而是唏嘘于少年的热血与觉悟，而这热血与觉悟，在中日文化之间是完全不同的。

●《古惑仔》里的少年们，秉承的是"出来混一定要还"，这句话实际上和"你不好好学习以后就没出息"或者"知识改变命运"之类没有本质区别，人生是基于因果线性的。而在《热血高校》中，当高三的布鲁坐在桥下的长凳上看着辽阔的天空说"那么，我们也准备去下一个世界吧！"的时候，当照对公平说"尽管我的梦想对你来说很渺小，但至少我们在这一线上拼命地向前走，而你却连自己真正的希望都没找到，不是吗？"的时候，我忽然恍惚间体会到了所谓"希望"的质感。当你认定"矮骡子一辈子都是矮骡子"的时候，当你觉得世界在变化而自己只能说"我也只能这样走下去了"的时候，当你对自己说"当学会低下头赚钱时才是成熟"的时候，你是在给自己的人生敲"丧钟"。而"希望"，就是去下一个世界的觉悟，放开那来源于少年心气、来源于荷尔蒙、来源于噱头与基于少年的赞美与成就，来源于一个局限的规则下的胜负的成就与包袱，进入下一个世界，一个新的世界，一个充满新的热情与挑战的世界的觉悟。

● 人生不是玩游戏，加错技能点便会使人生毁于一旦。人心也不是二进制计算出来的程序，内心的收获与前进，有时远比什么时候赚到第一桶金，或者书本上写的普世成功论，要来得重要得多。

● 看到日本暴走族盛大的引退仪式，或者日本电影中，主角历经失败后在雨后的泥泞中向着蓝天欢呼新的开始，我想这便是去往新的世界的觉悟吧，是实实在在的"希望"的质感。祝诸君如愿成为"漂撇男子汉"。

李长声 / text

俳句

天河横佐渡

荒海や、佐渡に横たふ、天の川

大海奔马呀，悠悠星汉横哪里，佐渡黑压压

● 当今社会由人与商品构成，特点之一是凡事排座次，挑明人与商品之间的亲疏，以助消费。文学艺术也在劫难逃。松尾芭蕉一辈子吟咏俳句（当时是发句）一千零六十六首，十个指头也不一般齐，那么，哪一首独占鳌头呢？曾有三百多位俳人投票海选，天魁星是这一首：

荒海や、佐渡に横たふ、天の川

　　大海奔马呀，悠悠星汉横哪里，佐渡黑压压

● 构成日本国的岛屿大大小小有六千多个，日本海上的佐渡岛面积排第八（本州、北海道、九州、四国、择捉岛、国后岛、冲绳本岛、佐渡），现属新潟县。芭蕉旅行东北，元禄二年（一六八九年）七月四日走到出云崎町，此地有往来佐渡岛的渡船，也因此繁荣。"那佐渡之岛在海上十八里（注：日本一里约合中国八里）处，沧波为隔，东西三十五里"，实际上，芭蕉于六月二十六日离开酒田，沿着日本海步行了九天，始终能望见佐渡岛。一路上浮想联翩，在渔港小镇出云崎住一宿，便吟出千古绝唱。日语有五个母音——a、i、u、e、o，这首俳句十七个音里用了九个含 a 的音。张开嘴发声，心胸也豁然开阔。而且，前五个音和后五个音的末尾押 a 韵，此呼彼应，浑然一体。

● 海的空间多么广阔，星的时间多么辽远。岛，那里应该有人，有人类的历史。天、地、

ZHI JAPAN. 2014/04　158

人，三位一体，这般宏大的意境，不仅在芭蕉的俳句中，就是在整个俳句史上也不多见。不妨拿唐诗来比较，例如芭蕉最为倾倒的杜甫诗句"星垂平野阔，月涌大江流""沧海先迎日，银河倒列星"，芭蕉原作只用了三个名词：海、佐渡、天河，再加上一个动词：横，其余就全凭读者想象了。这就是俳句。那么，我们能想到什么呢？大海如万马奔腾，佐渡在夜光下浮现黑压压的身形，而星汉，那条银河，天上的河，让我们油然联想牛郎与织女，日本叫他们彦星、织姬，"盈盈一水间，脉脉不得语"。或许又记起"两情若是久长时，又岂在朝朝暮暮"，但这是豁达还是无奈呢？

● 芭蕉想了些什么呢？他恰好为这首俳句写了百余字的《银河序》，道出了悠悠我思。他不曾浮想牛郎织女，那不过是浪漫的哀伤。思接千载，想的是岛上遍布险峰深谷，磕鼻子碰脸，盛产黄金，却又是重罪流放地。

● 一六〇〇年关原之战，德川家康统帅的东军击破诸侯联合的西军，赢得霸权，转年佐渡岛上发现金矿。德川在江户开设幕府，佐渡是幕府直辖的领地，即所谓天领（幕领），出产的金银成为幕府财源。采矿的苦力多数是流放来的囚徒，流放之刑仅次于死刑。日本引进唐律，流放也分为三等，但不是像广袤的中国那样两千里、两千五百里、三千里，而是从京都算起，距离分为近、中、远。"远流"最重，流放到伊豆、安房、常陆、佐渡、隐岐、土佐等地，多是在岛上建小屋自活。妻妾连坐同行，其他家人自愿，所以时逢七夕也不会被牛郎织女的故事引起天各一方的悲凉。金矿挖到海平面以下，幕府把江户、大阪流落街头的人抓来佐渡当劳工，给坑道淘水。遥想芭蕉当年，他驰思历史，不禁悲从中来，雄浑阔大的景色也为之黯然，虽然并没有像杜甫那样点明"天地一沙鸥"的悲情。

● "日既沉海，月犹暗淡，银河挂在半天，星光璀璨，海上传来阵阵涛声。"景中有史，借史抒情。但是据跟随芭蕉旅行的曾良记录：七月四日"夜中，雨强降"。也有人指出，这个季节天河应该从南天横亘天顶，与佐渡岛的方向恰恰相反。这样的天文学考证很有趣，却不免煞风景。较真就没有文学，也不会有思想。

● 明治年间流放地改为北海道，一九〇八年刑法废除了流放。佐渡的金银矿挖了四百年挖空了，于一九八九年关闭，被国家定为"佐渡金银山遗迹"，招徕游客，而且在申遗。现在日本最大的金矿是鹿儿岛县的菱刈矿山，每吨含金约五十克，为世界平均含金量的十倍。以致在另眼重看一切的今天，有人说日本资源并不贫乏，犹如有人说中国也不是过去自诩的地大物博。

● 写这篇小文的三月十日恰好是佐渡纪念日，缘于三和十谐音佐渡。

猫饭

ねこまんま

丁一可 / text choco / photo

● 说到"猫饭"，当然最先想到《深夜食堂》。第一卷第三话的故事里，叫作千岛美雪的姑娘一进深夜食堂，便是问有没有鲣鱼片，想要放在饭上，浇一点酱油吃。这个唱演歌的姑娘在食堂里收到一位词作家为她写的歌词，一唱便走红了。《深夜食堂》里的故事多有一些寓意，"猫饭"却不甚明了。一个温婉、纯净的姑娘，却在正当红时不幸病逝。还是说，人生就应当简单与平淡一些为好？

● 猫饭便是再简单不过的料理了。"猫饭"在日文中是"ねこまんま"，"ねこ"是猫，"まんま"是饭、点心，幼儿语。人们将这种简单的、看似宠物食的料理叫作"猫饭"。《深夜食堂》里用鲣鱼和酱油的做法是其中一种，也叫作"おかかごはん"（干木鱼饭），是关东的吃法；关西的猫饭则是味噌汤泡饭。这些实际上都不适合给猫吃，因为含盐较多。

● 猫饭是自古流传下来的吃法，是在资源匮乏的条件下，平民阶层中孵化出的产物。尽管现在早已过了战乱和贫穷的时代，人们依然对它念念不忘，多半就是因为它的简单吧。不过现在的猫饭已经演变出更多的做法，例如将干木鱼饭捏成饭团，以海苔包裹，或者在猫饭上加各种诸如肉、蛋、葱花、纳豆、蛋黄酱等食材与调味料。

● 总之，这样简单、随意，像是将食材胡乱倒在一起的饭，有的时候甚至是面，都是猫饭。

令人心动的款待设计

ドキドキさせる「おもてなし」デザイン

吴东龙 / text & photo

○ 最近有种设计备受关注，它并非单纯的平面设计或者产品设计，而是越来越受西方企业所重视的"服务设计"（Service Design）。所谓的服务设计，不是单纯地提供某类型的设计服务，例如空间设计或是建筑设计，而是创造出一种完整的体验式设计，而这种体验式设计，可谓是放诸各行各业皆可。尤其将"设计"放进"服务业"里，创造出顾客独一无二的体验，产生了无可取代的特质，令人想回味再三。回想起来，日本的服务设计总是令我印象深刻，它已不再是单纯的服务设计，因为某些特质的差异，用"款待设计"来形容更为贴切。

享受被设计打动的体验

● 站在东京那些让人目眩神迷的设计商店内，我经常不由自主地拿起物品到柜台结账，或许在旁人看来有点像失智的举动，但这实在是因为当下的气氛太好无力抗拒而导致。所幸，我总还保有一丝设计师的理性，镇守住了感性那条防线，独自伫立在原地仔细分析：究竟是什么原因挑动了让人想要购买的欲望？是陈列？是灯光？是环境？是无法抵挡的价格？还是店员迷人的笑容和礼貌？只要其中一项或是几项的能量累加到足以冲破心防，理智就会失守。而我往往在坚强淡定的分析之后，多能守住刷卡前的最后一道关卡，还因而得到不少心得。

● 当然，我坦承有时候太理智会让人失去一些购物的乐趣，但看过、体验过太多好设计后，胃口反而变得刁钻，难被讨好、满足，有时难断幸与不幸（其实是幸运的），于是渐渐地，我被物品"驾驭"的情况越来越少，但着迷于"设计体验"的程度却是未减犹增。我所谓的设计体验，它是感受设计的体验，可以是一段以设计为主题的旅程，也可以是一个在旅馆被设计"款待"的夜晚，若是从上述的"服务设计"的角度来看，它就是"让人感受到设计之美好"的一种体验。因为它可以从各种不同的面向来激发你的设计感官，从人、事到物，将五感细胞所能感受到的款待设计铺排而来。但服务和款待的差别何在呢？

日本式的款待

● 2013 年，在阿根廷的一场日本申奥演说中，演讲者泷川雅美小姐在过程中特别以法文介绍了日本的"おもてなし"（omotenashi，款待，hospitality），获得极大回响。伴随着申奥成功，让"おもてなし"跃升成为 2013 年日本的年度流行语。话说要在两分半的时间内完整阐述何谓"日式款待"并不容易，事实上这位日法混血的美女主播以笑容、眼神和手势款待观众，其实早已掳获（款待）大半人心了。

● 因此若是设计被当作一个礼物让人心动，那这个设计是如何款待甚至打动了人心就显得特别重要。

● 有次到濑户内海小豆岛上的酱油旅馆"岛宿真里"入住，旅馆用了おもてなし的字源：以"ひし""お""で""も""て""な""す"来为其七间房间命名（其中ひしお是"酱"的意思），这些单字连接起来其意是说：用酱油来款待客人。之所以是用日文"款待"而不是英文外来语"服务"，其中的差异何在？我想，款待是发自内心的，就像是一期一会般诚挚地以每一次相见都是最后一次机会的心情来对待彼此，处处站在相对的位置为对方设想；而讲到"服务"，它或许会基于礼貌或存在于可被计价量化的情况中，例如：服务费里的服务，服务就可能是以对价关系所产生的行为，服务的好坏可以取决于花费的高低，或小费的多寡来评价。因此在很多地方，我们可以因付出相当的费用而得到较好的或是标准化的服务流程，却不见得能感受到发自内心的款待。

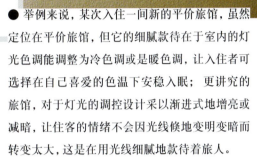

款待是最高明的设计

● 关于款待与设计的关系，我认为在日式旅馆里，款待其实就是最高明的设计。我曾有几个入住具特色的旅馆的经验，从踏进旅馆门口的那一刻起，便开始无接缝地感受到一段被设计款待的体验，从服务人员鞠躬的服装、姿势、仪态、眼神、笑容到问候的语调，从空间的温度、色彩、光线、材质到装饰的艺术品，从杯盘、料理到床铺被褥甚至音乐的准备，无一不能感受到对方的用心与反复推演设计出的那份诚挚。

● 举例来说，某次入住一间新的平价旅馆，虽然定位在平价旅馆，但它的细腻款待在于室内的灯光色调能调整为冷色调或是暖色调，让入住者可选择在自己喜爱的色温下安稳入眠；更讲究的旅馆，对于灯光的调控设计采以渐进式地增亮或减暗，让住客的情绪不会因光线倏地变暗而转变太大，这是在用光线细腻地款待着旅人。

● 有一次，我在旅馆泡完温泉回到房里，发现床已铺好，音乐开始自动播放，连睡前甜点都已经备妥，睡前的时光尽管短暂，也要让你感受到幸福款待而恬静入眠。又或待在房内泡澡，起身后手能触及处就有毛巾一旁静待，这是连距离都计算妥当的款待设计。甚至淋浴后肥皂没用完，还有个小袋子让你带回家继续使用，毫不浪费的贴心款待。

● 还有次要搭乘旅馆停在地下室的接驳车前往车站，先于一楼柜台 check out 后将行李交付服务人员，他们便让我独自搭乘空间有限的电梯到地下一楼停车场，当电梯抵达门打开时，行李与车子都已完全备妥，内心惊叹难道是瞬间移动？更有次也是搭乘旅馆的专车前往码头搭船返回，旅馆人员在门口鞠躬挥别后，车子走了大半圈的路，原班人马的服务人员到了另一个可以让车内住客外望的地方，以豆大身影与住客二次挥手告别，令人惊喜。

一生难忘的款待

● 旅馆里的服务员,每个接待的节奏、姿态似乎都经过重重模拟操演,而空间的设计与环境的摆设,也都被仔细而精准地计算着,就像设计中的如切如磋,如琢如磨,然后待人。之所以说其高明,就在于款待是要在不惊扰对方的情况下,自然而然地让对方感受到那份体贴,更有不亏欠对方的舒适感。

● 而被设计款待过的体验,不像对物品怦然心动而掏腰包,它营造出一种会让人起鸡皮疙瘩甚至流下眼泪的氛围。不只在心中、脑海中难忘,甚至连身体五感都留下记忆。

○ 款待的设计不只是精巧的设计,也是令人期待的呵护。关于日式款待的独特,也正如泷川小姐在演讲中所言,会让人一生难忘。犹记离开旅馆的那个早晨,我空腹在码头候船,突然想起保冷袋里旅馆给我带的咖啡牛奶——"原来早就想到了!"虽然牛奶是冰的,但心却很温暖。设计如果也能如此精彩令人无法忘怀,想必就是一个成功而感动人心的好设计了!于是乎,为了找寻未知的那段感动,我又将动身。

浅豆绿

グリンピースの色

毛丹青 / text

● 我喜欢一位叫仓田百三的日本作家，虽然已是故人，但从明治、大正，一直到昭和年代，他的文学生涯几乎与时代相互交错。他是一位具有浓厚宗教色彩的作家，作品中有时会展现出一些耐人寻味的细节。

● 我喜欢阅读日本文学作品中的细节，甚至超过阅读整个作品本身。

● 当然，所谓文学，应该有绝对的私人判断，这就像世俗常说的那样："萝卜白菜，各有所爱。"我们很难以某一位特定作家的作品概述整个文学以及他所处的时代，这个道理早在我还在北京大学念书时，就直接听朱光潜教授说过，他是学术泰斗，研究美学与西学，他的视野叫我只有发呆的份儿，甚感自己所知少得可怜。

● 不过，自从离开学界，留学日本，又因没钱而必须打消继续深造的念头以后，我发现自己对日本文学的喜好完全是从直觉中诞生的，这个感觉很奇妙。

● 我是在大约 20 多年以前注意到仓田百三的存在的。当时正埋头做生意，从早到晚卖鱼卖虾，已经把读书看成了似乎跟我无关的另外一件事情。不过，因为一个相当偶然的机会，得知了《叹异抄》的存在，而且不是从图书馆里得知的，也不是从哪本具体的书上，而是跟着一位腰都直不

起来的日本老婆婆。老婆婆每天早上去寺院时，我都会跟着。有一天步入大殿的时候，我发现眼前的佛坛竟然是一片漆黑！香火缭绕，众僧齐诵，漆黑之中逐渐放出奇异的光，于是我问老婆婆："漆黑之中的佛像是谁呀？"

● 她冲我神秘地笑笑，露出十分健康的牙齿，但没有当即回答。过后，这成了一件一直让我琢磨的心事，终于有一天，我找到了一位传说中的僧侣，叫亲鸾，距今已经是将近 800 年前的人物了，不用说，亲鸾就是寺院大殿当中供奉的佛像。再过后，读到了他的弟子唯圆留下的笔记，这就是后来的拙译《叹异抄》（北京文津出版社，1994年出版）。承蒙当时赵朴初大师题字，让我心里十分感激！

● 接下来，我又断断续续地读书，佛家的书居多，而且趁着鱼虾生意的萧条，读佛已变成了生活中不小的事情，于是，就这样与仓田百三的剧作《出家与其弟子》（拙译由辽宁教育出版社2003 年出版发行）触电。岩波书店的原著首页是这样写的：

极重恶人唯称佛，

我亦在彼摄取中，

烦恼障眼虽不见，

大悲无倦常照我。

仓田百三是广岛县庄原人，我这些年前后三回走访了他的家乡，因此也遇到了不少知情人，他们给我讲了他的不幸，多病、苦恼、寡语，信奉佛教，把亲鸾当作了文学创作的最终对象，但又倾倒于基督教不能自拔。其实，关于他的这段经历，郁达夫写道："仓田氏当这一个时候，死了两位姐姐，得了不治的肺病，学校也中途退了学，一个人在南方的禅寺里养身。静观深思，默坐了几年，对于精神肉体的痛苦，总想设法解脱，打破了无门关，猛然间提笔写下来的，是这一篇剧本《出家及其弟子》。出版的当时因为大众的苦闷，和作者有同样的过程，他的风行全国，自不必说，并且继续酿成了一种宗教小说盛行的风气。"

几乎是同样的评价，还来自另外一位法国文豪，诺贝尔文学奖得主罗曼·罗兰，他在法文版《出家与其弟子》序言中是这样写的："这是一株基督教的花朵，同时也是佛陀之华！"

我最近一回去广岛县的庄原是2013年的年底，从神户乘新干线往西，沿路飞雪茫茫，有时甚至连车窗外的景色都看不见，只有车厢内的热气与车窗贴合，时间一长，逐渐能在车窗上看到我自己，而且成像速度之缓慢，犹如一段悠闲的曲子，不与时间相争。

这让我开始猜想仓田百三当年的情景，年仅26岁就写出传世之作《出家与其弟子》，初刊于1917年创刊的杂志《生命之河》上时，仓田百三已重病缠身，卧床不起。其实，他22岁就染上了结核病，被迫辍学，直到40岁仍无法摆脱病榻，其作品几乎都是在与疾病苦战的情况下写成的。对一个时时刻刻都受到死亡威胁的人来说，对于生命的理解也许是极为深刻的。

仓田百三在病床上所经历的不仅仅是肉体的煎熬，更是残酷的精神重压，这种灵魂被鞭挞的痛苦将仓田带入了宗教性的体验中，富有天才般艺术气质的他近乎窒息，致使他在剧作中呐喊"命运蹂躏着希望"，同时也自我安慰"祈愿呼唤着命运"。

岩波书店于1918年发行了《出家与其弟子》的单行本，在日本社会引起了强烈反响，一版再版。直到如今，加上新潮社、讲谈社等多家大型出版社纷纷发行的单行本，累计加印次数多达百次以上。一部剧作横跨整个二十世纪，波及至今，能够拥有如此众多的读者，在日本文学界，尤其是明治维新以后，实属罕见。

仓田百三说："我相信哪怕是恶，也能依靠其他法门抵达乐土；这就是爱，是宽容，是超越善和恶而发挥的作用。"

《出家及其弟子》讲述的是开创净土真宗的日本佛教大师亲鸾。亲鸾早年因受诬陷，被判流放，在各地苦行巡礼。其间与一名武士的女儿生下了一个男孩，善鸾，并在一个下着大雪的深夜，因借宿于一猎户而结下了缘分。15年后，亲鸾大师带领弟子打算建立净土真宗的威望，猎户的儿子松若也出家修行改名为"唯圆"，并一路跟随亲鸾，成为了亲鸾最亲近的大弟子。

然而，与唯圆相比，亲鸾的亲生儿子善鸾却终日酒池肉林，不接受信仰的救赎，被世俗认作放荡儿。其间，经由善鸾的介绍，唯圆爱上了一名叫作"枫"的艺伎，这让原本风平浪静的寺院掀起了一场信仰与道德的风暴。亲鸾能原谅善鸾吗？善鸾是否会接受佛法的洗礼？唯圆又将如何在信仰与情爱中求得心安？这就是《出家与其弟子》中所描绘的佛缘、亲情、情爱之间错乱的纠葛。

当年的仓田百三在病魔中最想弄清楚的莫过于"众生能否求得超脱所有烦恼的智慧"，仅此一点，就奠定了他全身心投入宗教的情感基础。

新干线抵达广岛站，去庄原还需要换乘一趟单线列车，当地人称之为"艺备线"，我坐在靠窗的座位上，一边畅想仓田百三生前所看到的风景，一边思考什么是文学的原始风景。

不用说，我之于庄原，只是一名行色匆匆的过客，或者叫"驴友"，从地理空间上无法与仓田百三直接关联，因为他不仅是日本大正年代最著名的作家，而且在很多的意义上，他还是一位乡土作家。

列车开得不快，不少铁轨与土路的交叉口没有安全棒的升降，据说，是因为人烟稀少所以不设路口的安全措施。不过，据熟知仓田家的土居绿女士介绍，过去的庄原人丁兴旺，车水马龙，这在当地是有名的。我问她："庄原的农作物盛产什么？"

"大豆，做豆腐一直很流行。"土居女士回答着我的问题，似乎又猜出了我的下一个问题，于是，她继续说："毛先生翻译《出家与其弟子》，一定被一开场的黑土吸引了吧。种大豆的土是黑色的。"

面对土居女士的猜测，我毫不掩饰自己的惊奇，因为我知道唯有拥有乡土感觉的人，才能如此应答，更何况她是一位文学原始风景"内部"的人呢。

《出家与其弟子》的序曲是这样的："我出生了。我沐浴着阳光，呼吸着大地的空气，我活着。我真的活着！你看，那弯弓般的苍天，色彩多好。你看这一片黑土，我光着脚使劲地踩它，茂盛而繁密的草木，飞禽走兽。女人们多么欣喜，孩子们多么逗人，啊！我要活着，要活着！到了今天，我懂得了各种各样的悲苦。可是，越悲越叫你喜欢这个人世间。啊！多么不可思议的世界，我对你着迷。这个值得热爱的人世间呀。我想在烦恼的丛林里玩耍，想活着。上千年上万年。永远，永远活着。"

土居女士听我背诵《出家与其弟子》，十分惊奇，这个情景就像我刚才惊奇于她能猜中我想问的问题一样。她说："其实，用黑土种出来的大豆都是淡绿色的，不深不重，只是淡淡地活着的感觉。"

无疑，她的这番解释是以强大的乡土知识作为支撑的，道理很简单，因为她的名字是"绿"。

庄原是一座小镇，所处的位置正好在广岛县的中央，当地人称之为"广岛的肚脐眼"。小镇的中央有一处池塘，一遇到下雨天，水势骤然变猛，看上去有一股不服输的劲头。

与土居女士告别前，我本想问问仓田百三的事儿，包括他的妹妹，还有他的儿子，因为单从文学的角度讲，理解一部作品与理解一位作家应该是具有同等价值的，作品诉之于读者的是语言与艺术，而作家的经历却能告诉读者一个真人的传奇。然而，面对土居女士慈祥的面孔与笑容，我问她的却是："你最喜欢什么颜色？"

她几乎不加任何思索，当即答道："浅豆绿。"

"为什么？"我好奇地问她。

"因为这是我家乡的颜色，也是仓田百三的人生之色！"

到此为止，土居女士的回答完全颠覆了我对日本文学的看法，一生一色，这也许是一个与文学无关的叙述，但这一表达对我来说，恰恰是从阅读与翻译《出家与其弟子》这部文学经典中淡出的，换句话说，当文学不成其为文学的时候，一个与色彩有关的意外解答却应运而生，很有说服力。

顺便说下，我查了《广辞源》，发现日语只有"豆色"，而没有与"浅豆绿"相应的表达，这也许是土居女士私家版的解释吧。

社交网络：链接个体的新世界

SNS：一人ひとりをリンクする世界

刘联恢 / text

● 和二三十年前相比，我们身处的这个世界，已经发展到了现实与虚拟相结合的崭新的状态。虽然从前的一些传统概念在今天依然存在，但内涵却早已不同，若时光倒流，今天的光景是从前的人们很难想象到的。也许 20 年前我们可以说"网络改变了世界"，而时至今日，或许可以说"网络即是世界"也不为过。

● 人与网络的依存关系，无论是在技术层面还是生活层面都已经相当深刻了，网络不仅将我们每个人联系在了一起，而且也关联起了世间万物，并不断扩大蔓延，在不知不觉中创造了一个新的世界。新世界带来的变化是潜移默化的，等到我们意识到的时候，已经根深蒂固地融入了固有的现实世界当中，改变着我们的生活形态，并成为我们生活的一部分。

● 根据日本总务省所做的一项关于民众利用互联网的调查结果显示，截止到平成 24 年（2012 年）底，日本社会互联网的普及率为 79.5%，在 13 岁到 49 岁的人群中甚至超过了 90%，已经接近饱和状态。另一方面，随着科技水平的进一步提高，我们身边所有的事物都可以通过 RFID（Radio Frequency Identification 的缩写）^{※射频识别技术}和ワイヤレスセンサーネットワーク（Wireless Sensor Network，常缩写为 WSN）^{※无线传感器网络}等方式，将之数据化后接入互联网，这意味着真正成为网络世界的一天已经不远了。

其实仅就媒体来说，关于网络的话题已经是老生常谈了。不过就我们接下来要提到的一些词汇来说，还是有了解一下的必要。

市民メディア·地域メディア·ソーシャルメディア
（しみん）（ちいき）

● 一般来说，传统意义上的媒体——报纸、杂志、广播、电视等大众传播媒介（メディア、マスコミ）的概念一直以来都是相当专业化的，人员配备和专业划分都非常细。媒体不但担负着向全社会传递各种信息的重要责任，而且也必须起到正确引导民众价值观以及协调社会关系、传承文化等作用，不夸张地说，媒体甚至被称为与司法、立法、行政并列的"第四权力"。

● 近年来，随着网络新兴媒体的崛起，传统媒体受到了不小的冲击。社会事件往往先由网民们发起讨论，在"ツイッター"（twitter）^{※推特}或微博的热门话题中出现，然后又被传统媒体发掘，引起更大的反响。这样的例子可以举出很多，已经成为常见的现象了。

● 除了以上大家熟知的微博、推特等"自媒体"概念，在日本，还涌现了一批新的媒体形式，例如：市民メディア（citizen media）^{※市民媒体}、地域メディア（local media）^{※地域媒体}、ソーシャルメディア（social media）^{※社交媒体}等等，这些概念给我们的网络生活带来了新的意义。

● 市民メディア顾名思义，主要指的是城市居民利用网络或者数码设备，以市民团体、大学、研究会等组织为据点开展的媒体表现活动，或者是有线电视网的公众点播平台，或者是网络上的报道等等，播出或发行渠道多种多样。这种媒体的地区性色彩相当浓厚，与传统媒体互为补充。以东日本大地震的救援活动为例，市民メディア在救灾活动中表现很突出，特别是组织志愿者和传达救灾信息上，当地居民使用社交媒体传播的信息更准确及时，起到了非常大的作用。

● 地域メディア是包括了地域新聞^{※地方报纸}、ミニコミ（Mini Communication）、ケーブルテレビ^{※有线电视台}、地域 SNS^{※同城社交网络}等媒
（いき）（しん）（ぶん）

体形式在内的传播媒介的总称，涵盖的行政区域范围一般在都道府县以下。"地方"不仅意味着和东京的"中央"相对，也包含着团体、部分的意思。地方媒体的崭露头角，也从一个侧面表现出大型媒体无法全方位覆盖的缺点，地方媒体的联合也许是今后新兴媒体发展的一个方向。

● ソーシャルメディア跟上面两个概念比起来更为我们所熟知，因为国内的 SNS 网站或应用软件已经很普遍了。就拿前边提到过的"自媒体"的概念来说，网上的个人博客、微博、各种个人空间都可以划入这个范畴。我们现在正处于一个信息如洪水般泛滥的年代：只需要手里有个平板或者手机，就可以把文字、图像、视频等传到网上与大家共享；与此同时，我们也可以很容易地从网上找到大量的资讯；可以跟不认识的人自由讨论交换信息，认识志同道合的新朋友等等。更重要的是，以上这些除了一点儿便宜的网费外，几乎都是免费的！日本的社交媒体，例如推特、FACEBOOK、维基百科、雅虎智慧袋、NICONICO 动画等无不如此。这些网站的内容与专业人士运营维护的网站不同，被称为 UGC（User Generated Contents），也就是一般网民上传的各种资源、情报信息内容。简言之，现在的信息资源已经打破了传统媒体的垄断，进入了全民媒体的新时代。

ネット掲示板 (けい じ ばん)

● 除了上文提到的社交媒体之外，我们所熟悉的网络功能还有一个，就是"论坛"，X 度的贴吧也属于这一类，日文称为"ネット掲示板"。

● 相信这个概念对读者来说都很熟悉，毕竟我们平日的网络生活有很大一部分的时间就是泡在各式各样的论坛和贴吧里发帖回帖，有时跟人严肃地探讨问题，有时展开骂战，不夸张地说，很多人的生活圈子就在这些网上的"揭示板"里。

● 日本比较有代表性的ネット掲示板有大家耳熟能详的"2ch"（2ちゃんねる）、"YAHOO! 掲示板"、《读卖新闻》旗下的"発言小町 (はつげん こ まち)"等等，其中"2ch"的影响力尤为巨大，派生出了很多独具特色的"2ちゃんねる用語"，还有不少用文字和符号组成的图案，甚至在国内也有一批 2ch 的粉丝。

ツイッター関連の言葉

● 与国内流行的微博相同，日本常用推特，也诞生了很多特有的"推特用语"。

● "ういる"是从英语的"will"一词转化而来，表示"これからする"※从现在起要做……或者"これから○○にいく"※现在要去……，表达"将来时"的意思。

QT (quote tweet) 或 RT (リツイート)

● 就是引用的意思，引用其他人的推特内容发言的时候，加上这两个英文缩写，类似于我们的 ZT（转贴）或者是转发。

だん・わず・あごう

● 用平假名写出来看着有点不明白，但是换成英文的话，读者就会恍然大悟了：这三个词就是"done"、"was"、"ago"，用来表示过去时态。例如"○○だん"就是"○○した"※做了……或者"○○にいた"※曾经在……地方的意思。

なう

● 这个词想必大家都很熟悉了，用来表示英语"now"的意思，表示眼下正在做的事情或者目前所在的地方。一般的使用形式是"○○なう"。

爆発しろ (ばく はつ)

● 如果事情进行得不如意，又或者满腔怒火、满腹怨言想要发泄的时候，就会针对自己想爆发的对象发一条，比如说"リア充爆発しろ"，大概类似于"现充可恶！""现充○○"（不雅词隐去）的意思。

buzutter ばずったー

● 这个词类似于微博的"热搜词"，或者也可以翻译成"热门词"。例如：雨上がりに「虹」がばずって（buztter に登場して）たりしたら、「やっぱりみんなも見てるんだな」と、嬉しいですね。※雨过天晴，推特上"彩虹"成了热搜词，"大家都在看彩虹呢"这样想着，心里很高兴。

ハッシュタグ（#）

● 跟微博一样，前后加了"ハッシュタグ"※井号键，就是发起微博话题的意思。

ふぁぼる

● 这个词来自于英语的"favorite"，是前四个字母"favo"的发音。每条推特下都有一个"☆"符号表示

"お気に入り"※收藏的意思，点一下就可以加入收藏了。

フォロワー

●来源于英文 follower，就是粉丝的意思。推特上关注了某人，可以说"○○のツイートをフォローしている"。

プロテクト（非公開_{ひこうかい}）

●Protect，保护隐私，这里是指指定的人才可以阅读的内容。

リプライ（リプ）

●英文 reply，意思是回复，用 @ 符号加上指定的 ID 来回复他人的推特内容。

リムーブ（リムる）・アンフォロー

●也就是 remove 和 unfollow，取消关注或者移除粉丝的意思。

●网上世界和现实世界其实并无不同，也分成许多圈子。这里介绍的是在日本相对主流一点的推特上常见的几种说法，至于更小众一些的其他圈子的专门用语，恐怕不去泡一阵子是无法了解的。

投稿（とうこう）

●作为汉字词，这个词的意思一望而知，就是投稿的意思。不过投稿的对象并非报社、杂志社这样的传统媒体，而是网络上的各种网站。换句话说，这个词就是我们大家熟知的"发帖"以及"上传文件"的意思。除此之外，更新博客、发图片、发视频，以及发推特（微博）都可

以用这个词。

●除了"投稿"以外，"アップロード"（upload）也可以表示相同的意思，翻译成汉语也是"上传"。

スパム（spam）

●网络的世界对我们来说固然方便，但是大量的信息也容易泥沙俱下。举其中的一个例子"スパム"来说，深受其扰的人估计不在少数。

●我们平时上网浏览微博或者贴吧、论坛的时候，除了需要的信息内容以外，不可避免地也会收到很多被强行发送的广告宣传信息，有私信也有评论什么的；看帖的时候也会看到自己喜爱的内容里夹杂一些广告帖。这些帖子就是"スパム"。手机也会收到一些广告短信或者骚扰短信，日语中用"スパムメール"或"迷惑_{めいわく}メール"来称呼这些短信。这些信息就是网络衍生的一个副产品，网络在给我们带来便利的同时，也会带来困扰。如何识别并阻挡这些"不速之客"，也是网站开发者的课题之一。

パソコンと携帯情報（けいたいじょうほう）機器の分類（きき ぶんるい）

●最后，让我们来看一组大家日常使用的电脑及各种掌上电子设备的日文名称吧。

デスクトップパソコン

●デスクトップパソコンは传统的台式机，可以按照机箱的大小分为タワー型_{がた}※大机箱和スリムタワー型※小机箱。主机和屏幕一体的一体机日语称为"一体型（いったいがた）デスクトッ

プパソコン"。

ノートパソコン

●这就是笔记本电脑，传统的厚重的笔记本叫作"オールインワン型"（all-in-one），轻薄短小的上网本一类的叫作"モバイル型"（mobile）。

スマートフォン

●Smartphone，智能手机。在智能手机更新速度飞快的今天，大概平均不到一个月就会有一台崭新的机型出现在市场上。

タブレット端末（たん まつ）

●以苹果的 iPad 系列为代表的平板电脑，有着超大的触屏以及越来越快的 CPU，比笔记本方便携带。有的甚至可以打电话。

スマートブック

●Kindle 这样的电子书，虽然用平板也可以看，但是有人就喜欢手拿电子书，各有所好。

携帯電話機ガラケ（けい たい でん わ き）

●比较传统的手机。日本的手机(非智能机)几乎所有的机型都可以连互联网，但是跟用电脑上网的感觉还是不一样。

《**知日**》零售名录：

▲ **网站**：亚马逊 / 当当 / 京东 / 快书包 / 中信出版社淘宝旗舰店 / 知日 Store ▲ **北京**：西单图书大厦 / 王府井书店 / 中关村图书大厦 / 亚运村图书大厦 / 三联书店 / 字里行间书店 /Page One 书店 / 万圣书园 / 库布里克书店 / 时尚廊书店 / 单向街书店 /7-11 便利店 ▲ **上海**：上海书城福州路店 / 上海书城五角场店 / 上海书城东方店 / 上海书城长宁店 / 上海新华连锁书店港汇店 / 季风书园陕西店 /"物心"K11 店（新天地店）▲**广州**：广州购书中心 / 新华书店北京路店 / 广东学而优书店 / 广州方所书店 / 广东联合书店 ▲ **深圳**：深圳中心书城 / 深圳罗湖书城 / 深圳南山书城 ▲ **南京**：南京市新华书店 / 凤凰国际书城 / 南京大众书局 / 南京先锋书店 ▲ **天津**：天津图书大厦 ▲ **西安**：陕西嘉汇汉唐书城 / 西安市新华书店 / 陕西万邦图书城 ▲ **郑州**：郑州市新华书店 / 生活 · 读书 · 新知三联书店郑州分销店 / 郑州市图书城五环书店 / 郑州市英典文化书社 ▲ **浙江**：博库书城有限公司 / 博库网络有限公司（电商）/ 庆春路购书中心 / 解放路购书中心 / 杭州晓风书屋 / 宁波市新华书店 ▲**山东**：青岛书城 / 济南泉城新华书店 ▲ **山西**：山西尔雅书店 / 山西新华现代连锁有限公司图书大厦 ▲ **湖北**：武汉光谷书城 / 文华书城汉街店 ▲ **湖南**：长沙弘道书店 ▲ **安徽**：安徽图书城 ▲**江西**：南昌青苑书店 ▲**福建**：福州安泰书城 / 厦门外图书城 ▲ **广西**：南宁书城新华大厦 / 南宁新华书店五象书城 ▲ **云贵川渝**：贵州西西弗书店 / 重庆西西弗书店 / 成都西西弗书店 / 文轩成都购书中心 / 文轩西南书城 / 重庆书城 / 新华文轩网络书店 / 重庆精典书店 / 云南新华大厦 / 云南昆明书城 / 云南昆明新知书百汇店 ▲ **东北地区**：新华书店北方图书城 / 大连市新华购书中心 / 沈阳市新华购书中心 / 长春市联合图书城 / 长春市学人书店 / 长春市新华书店 / 黑龙江省新华书城 / 哈尔滨学府书店 / 哈尔滨中央书店 ▲ **西北地区**：甘肃兰州新华书店西北书城 / 甘肃兰州纸中城邦书城 / 宁夏银川市新华书店 / 青海西宁三田书城 / 新疆乌鲁木齐新华书店 / 新疆新华书店国际图书城 ▲**香港**：绿野仙踪书店 ▲**机场书店**：北京首都国际机场 T3 航站楼中信书店 / 杭州萧山国际机场中信书店 / 福州长乐国际机场中信书店 / 西安咸阳国际机场 T1 航站楼中信书店 / 福建厦门高崎国际机场中信书店